essentials

Phil C. Langer · Adina Dymczyk ·
Alina Brehm · Joram Ronel

Traumakonzepte in Forschung und Praxis

Ein Überblick

Springer

Phil C. Langer
Sozialpsychologie, International
Psychoanalytic University
Berlin, Deutschland

Alina Brehm
Institut für Bildungswissenschaft
Universität Wien
Wien, Österreich

Adina Dymczyk
Institut für Europäische Ethnologie
Humboldt-Universität zu Berlin
Berlin, Deutschland

Joram Ronel
Department für Psychosomatische
Medizin und Psychotherapie
Klinik Barmelweid
Barmelweid, Schweiz

ISSN 2197-6708   ISSN 2197-6716   (electronic)
essentials
ISBN 978-3-658-31682-2   ISBN 978-3-658-31683-9   (eBook)
https://doi.org/10.1007/978-3-658-31683-9

Die Deutsche Nationalbibliothek verzeichnet diese Publikation in der Deutschen Nationalbibliografie; detaillierte bibliografische Daten sind im Internet über http://dnb.d-nb.de abrufbar.

Planung/Lektorat: Heiko Sawczuk
Springer ist ein Imprint der eingetragenen Gesellschaft Springer Fachmedien Wiesbaden GmbH und ist ein Teil von Springer Nature.
Die Anschrift der Gesellschaft ist: Abraham-Lincoln-Str. 46, 65189 Wiesbaden, Germany

Was Sie in diesem *essential* finden können

- einen historischen Abriss über die Entwicklung des Traumadiskurses;
- einen Überblick über unterschiedliche – klinische, psychosoziale, transgenerationale und kollektive – Verständnisse von Trauma, ihre theoretischen und empirischen Grundlagen;
- Beispiele der Anwendung dieser Verständnisse in ausgewählten – therapeutischen, institutionellen, forschenden und gesellschaftspolitischen – Praxisfeldern;
- eine kritische Reflexion der jeweiligen konzeptionellen Herausforderungen;
- Anregungen zur produktiven Weiterführung der Konzepte in der eigenen Beschäftigung mit Trauma.

Inhaltsverzeichnis

Einleitung 1

Trauma ist ein Signum unserer Zeit. „Die globalisierte Dimension von Krieg, Folter, Genozid, Natur- und Hungerkatastrophen mit einer seit mehreren Jahren nun auch europäische Staaten erreichenden Massenmigration" habe dazu beigetragen, so Hans-Peter Kapfhammer (2018), „dass traumatische Ereignisse und ihre Gesundheitsfolgen im öffentlichen Bewusstsein zentral beachtet werden". Unterstützt wird dies durch die zunehmende gesellschaftspolitische Sensibilisierung für traumatische Erfahrungen sexualisierter und rassistischer Gewalt. Dabei ist von Trauma nicht nur in Psychologie und Medizin die Rede. Der Begriff findet in Debatten der Soziologie, Politik-, Literatur- und Kulturwissenschaften Anwendung, auch in den medialen Diskurs und in die Alltagssprache ist er eingegangen. So scheint die Schulsporthalle traumatische Erinnerungen wachzurufen, ein „Mathe-Trauma" hat wohl jede*r und in Internetforen werden die Traumata ausgefallener Urlaubsflüge ausgetauscht. Die *Google*-Suche zu „Trauma" liefert derzeit etwa 300 Mio. Treffer, auf *Google Scholar* tauchen über 4 Mio. Ergebnisse auf. Es ist anzunehmen, dass die Bezugnahmen in den nächsten Jahren deutlich anwachsen, wenn die kollektive Erfahrung der Corona-Pandemie als Trauma zu verarbeiten versucht wird. Insofern: Alles Trauma oder was?

Aber sprechen wir, wenn wir „Trauma" sagen, eigentlich immer über das Gleiche? Allein in einem psychologischen Sinn sind unterschiedliche Verständnisse von Trauma im Spiel, wenn Prävalenzen von Traumafolgestörungen nach einem Tsunami als *natural disaster* gemessen werden, die tief greifende Zerstörung sozialen Vertrauens bei Opfern politischer Verfolgung als *human made disaster* über eine psychosoziale Traumakonzeption zu verstehen versucht wird, Dynamiken der Weitergabe von Traumata über Generationen hinweg in Familien von Überlebenden der Shoah untersucht und rassistische Gewalterfahrungen in

© Springer Fachmedien Wiesbaden GmbH, ein Teil von Springer Nature 2020

P. C. Langer et al., *Traumakonzepte in Forschung und Praxis,* essentials,

https://doi.org/10.1007/978-3-658-31683-9_1

den USA im Sinne eines kollektiven historischen Traumas konzipiert werden. Das hat alles irgendwie mit Gewalt zu tun und den Folgen, die sie zeitigt. Das griechische Wort Trauma (τραύμα) heißt übersetzt „Wunde", also eine durch Gewalteinwirkung hervorgerufene Verletzung. Die metaphorische Verwendung im Sinne eines psychischen Traumas wird in der Rede von „Wunden der Seele" deutlich. Dabei geht es um eine Überwältigung, die Unmöglichkeit, die Gewalterfahrungen, mit denen man konfrontiert ist, die vielleicht nicht einmal selbst erlebt worden sein müssen, individuell, in konkreten sozialen Bezügen oder als imaginiertes Kollektiv „angemessen" zu verarbeiten. Das ist recht vage, aber viel weiter geht die Bedeutungsgemeinsamkeit der unterschiedlichen Traumakonzeptionen nicht. Missverständnisse sind damit angelegt, ein bewusstes Missverstehen möglich und mitunter scharfe Kämpfe um Deutungshoheit, welches Verständnis von Trauma das „richtige" sei, zu beobachten.

In diesem Wirrwarr ein wenig Orientierung zu geben, zu einer reflektierten Verwendung des Traumabegriffs in Forschung und Praxis beizutragen und einen Diskussionsraum für produktiven Austausch zu eröffnen, ist Ziel unseres Buches. Nachdem wir im folgenden Kap. 2 eine kurze Geschichte des Traumadiskurses erzählen, stellen wir in den weiteren Kapiteln die wichtigsten Traumakonzeptionen vor, zeigen ihre Verwendung in der Praxis anhand von Fallbeispielen auf und diskutieren kontextbezogene Stärken und Grenzen der wissenschaftlichen und praktischen Bezugnahme auf Trauma: im klinischen Sinne (Kap. 3), in einem psychosozialen Verständnis (Kap. 4), in Form transgenerationaler Weitergabe (Kap. 5) und als Kollektivphänomen (Kap. 6). Abschließend skizzieren wir Überlegungen zur Zukunft des Traumadiskurses (Kap. 7).

Dieses Buch ist in sich natürlich hoch ambivalent: Es soll Orientierung geben angesichts einer diskursiven Konjunktur, deren Teil es zugleich ist. Und es soll die unterschiedlichen Konzepte neutral und gleichberechtigt vorstellen in einem Feld, das im Ringen um Deutungshoheit hoch politisiert ist, wodurch gerade der Anspruch des Neutralen selbst zum Politikum wird. Wo es uns mal gut, mal weniger gut und vielleicht auch mal gar nicht gelungen ist, diese Ambivalenzen in einsichtsreiche Leseerfahrungen umzusetzen, müssen letztlich Sie als Lesende entscheiden. Insofern sich das Buch aus unseren langjährigen Tätigkeiten in unterschiedlichen traumabezogenen Lehr-, Forschungs- und Praxisfeldern speist, ist es selbst Ausdruck von nicht immer einfachen, aber, wie wir finden, gewinnbringenden Aushandlungsprozessen.

Eine kurze Geschichte des Traumadiskurses

2

Der Begriff Trauma hat seinen Ursprung in der Unfallheilkunde. Die psychologische Vorstellung von Trauma entwickelte sich seit dem 19. Jahrhundert aus dem Begriff der traumatischen Neurose mit der Annahme, dass seelische Traumatisierungen eine krankmachende Wirkung entfalten können (Abschn. 2.1). Im Kontext der beiden Weltkriege lässt sich der Rekurs auf Trauma als Ringen um Anerkennung von Unrechtserfahrung verstehen (Abschn. 2.2). Die Einführung der Posttraumatischen Belastungsstörung (PTBS) als klinische Diagnose 1980 zeigt in der Geschichte des Traumadiskurses das aktuell dominierende Paradigma an (Abschn. 2.3).

2.1 Die Anfänge der Traumatheorie

Die Entwicklung eines wissenschaftlichen Begriffs von Trauma seit den 1860er Jahren ist eng mit den Folgen der Modernisierung verknüpft. Mit dem Ausbau der Eisenbahn kam es zu Unfällen, die Diskussionen mit sich brachten, ob die Opfer neben körperlichen auch an psychischen Folgeschädigungen leiden würden (Lehmacher 2013). **John Eric Erichsen** (1818–1896) führte die Traumafolgen auf Rückenmarkserschütterungen („spinal concussion") bei den Zusammenstößen zurück, deren Schwere er mit dem Schrecken in Verbindung brachte, den Betroffene erlitten.

    Jean-Martin Charcot (1825–1893) entwickelte ebenfalls im späten 19. Jahrhunderts die Theorie der traumatischen Hysterie. Er beobachtete, dass Menschen auch ohne nachweisbare körperliche Schädigung und selbst nach einer bestimmten Latenzzeit nach den traumatischen Ereignissen von bestimmten Leiden betroffen waren. Seine Theorie eines „agent provocateur" ermöglichte

© Springer Fachmedien Wiesbaden GmbH, ein Teil von Springer Nature 2020

P. C. Langer et al., *Traumakonzepte in Forschung und Praxis,* essentials,

https://doi.org/10.1007/978-3-658-31683-9_2

es ihm zu erklären, wie äußerliche Ereignisse ähnlich wie die eines Triggers auf die Personen wirkten und Symptome der Hysterie hervorriefen; er argumentiere jedoch auch, dass bei den betroffenen Personen eine Veranlagung vorliegen müsste. Es ist auf die naturwissenschaftlich-exakte und antistigmatisierende Herangehensweise Charcots, der sehr viele Nervenärzte seiner Zeit beeinflusste, zurückzuführen, dass das Konzept eines posttraumatischen Syndroms ins heutige medizinische Denken Eingang gefunden hat.

Hermann Oppenheim (1958–1919) führte 1889 den Begriff der traumatischen Neurose ein und verortete deren Ursache zunächst im Gehirn. Er sah eine Disposition des Nervensystems als Grund dafür an, warum manche Menschen stärkere „Störungen" aufwiesen als andere (Schmiedebach 2019). Kontrovers wurde innerhalb der Ärzteschaft diskutiert, ob die Symptome vorgetäuscht werden könnten. Abfällig sprach man von dem Ausbruch einer „Rentenneurose" als Folge.

Sigmund Freud (1856–1939) entfaltete eine psychodynamische Theorie, die den Ausbruch einer Neurose als *nachträglich* erlebtes Trauma definierte. Dabei sah er die Entstehung von Neurosen zunächst infolge von sexuellem Missbrauch bei Kindern. Die Ursache lag demnach in der von Gewalt geprägten Umwelt und konkreten Ereignissen. Später grenzte er sich von dieser „Verführungstheorie" ab und verortete in der als *Nachträglichkeit* konzipierten Verarbeitung frühkindlicher Erfahrungen im Erwachsenenalter den Grund für traumatische Neurosen. Auch für die Entstehung anderer Traumata, wie die der Soldaten im Ersten Weltkrieg, sah er die nachträgliche Einbettung potenziell traumatischer Erlebnisse als entscheidend an.

Pierre Janet (1859–1947) sah das Trauma als eine Reaktion auf ein Ereignis an, das in der Kindheit stattgefunden hat. Er argumentierte, dass Hysterie ihren Ursprung in einem psychischen Trauma haben müsste. Seine These der Dissoziation als Folge einer überwältigenden affektiven Erfahrung, welche einen Verlust der integrierenden Funktion des Bewusstseins bedingt, ist bis heute der Kern der posttraumatischen Theorie.

Mit dem Ersten Weltkrieg und den als „Kriegszitterer" von Fronteinsätzen befreiten Soldaten entfachte der Streit über mögliche Simulationen erneut. Handelte es sich um eine traumatische Neurose oder um Hysterie? Verschiedene Theorien zu Kriegsneurose, Schreckneurose, Shell-Shock, Kriegshysterie, Schützengrabenneurose wurden entworfen, um das Phänomen zu begreifen. Während Oppenheim sich in seiner Theorie bestätigt sah, wurde die Diagnose „traumatische Neurose" nur selten vergeben (Lehmacher 2013, S. 42). Die Theorie der Hysterie erfuhr hingegen einen Aufschwung. Sie lenkte den Blick ab von einem Zusammenhang zwischen Kriegserlebnissen und Folgen für die Soldaten. So erlangte die Theorie der Hysterie wieder Beliebtheit in der Logik der Behandelnden, denen es vor allem darum ging, den Staat durch eine „Epidemie der Rentenneurose" nicht weiter wirtschaftlich zu schädigen (ebd.). Um die angeblich kriegsverweigernden Soldaten zurück an die Front zu schicken, verwendeten einige Ärzte zum Teil grausame Maßnahmen wie Stromschläge (was unter bestimmten Bedingungen nach wie vor Usus ist). Gleichzeitig ist die moderne psychoanalytische Psychosomatik durch Behandlungserfahrungen mit diesen „Kriegszitterern" entstanden und konnte bis heute gültige Behandlungsstandards, u. a. gruppentherapeutische Prinzipien, etablieren.

2.2 Eine paradigmatische Erweiterung

Der amerikanische Stress-Forscher **Walter Cannon** (1871–1945) näherte sich dem Phänomen der Trauma-assoziierten Störungen aus physiologischer Perspektive. Cannon, ein Biologe und Arzt, welcher die *Fight-or-Flight*-Theorie prägte, beschäftigte sich als Militärarzt im Ersten Weltkrieg auch mit Wirkungen von psychischen Traumatisierungen auf körperliche Prozesse, z. B. auf die Wundheilung bei verletzten Soldaten. Seine Erkenntnisse können als wegweisende Vorläufer für psychoneuroimmunologische Zusammenhänge aktueller Konzepte gewertet werden und unterstreichen den biologischen Charakter der Traumafolgestörungen.

Zwischen den Weltkriegen ebbte das Interesse an Traumatheorien zunächst ab. Erst durch die Wahrnehmung der Folgen des Zweiten Weltkrieges nahm die Traumaforschung wieder Konjunktur auf. **Abram Kardiner** (1891–1981) gilt mit seinem Werk The *Traumatic Neuroses of War,* das unmittelbar vor Eintreten der USA in den Zweiten Weltkrieg große Aufmerksamkeit erhielt und die Symptomatik der Kriegsneurosen systematisch darstellte, als Vorreiter bei der Entwicklung der PTBS (Young 1995, S. 89). Im Gegensatz zu Freud, den Trauma vor allem im Hinblick auf Abwehrmechanismen beschäftigte, erklärte sich Kardiner die Neurose als einen Prozess der Adaption auf die sich veränderte Umwelt. Ihm zufolge führte das traumatische Erlebnis zu einer Überreizung des Menschen, der überfordert sei, auf die Umwelt zu reagieren, und dies als einen Kontrollverlust erlebte. Kardiners Lehre geriet in Vergessenheit; erst mit der Einführung der PTBS wurde sie wieder rezipiert.

Die Folgen des Zweiten Weltkrieges stellten laut Didier Fassin und Richard Rechtman (2009) einen zweifachen Paradigmenwechsel dar, der mit besonders extremen Gewalterfahrung und der langen Zeit des Schweigens nach dem Ereignis verbunden ist: „It is because of the delay between the event and its painful exposure to the public gaze that the process can be qualified as trauma." (ebd., S. 18). Auch in der deutschen Politik spielten die Folgen des Nationalsozialismus bei der Entfaltung des Traumadiskurses eine zentrale Rolle (Laub 2005). Die Reaktion der Bundesrepublik lässt sich verkürzt als eine Politik der Verweigerung der Auszahlungen von Entschädigungen und der Anerkennung des Leidens beschreiben, die geprägt war von antisemitisch motivierten Schuldzuschreibungen gegenüber jüdischen Kläger*innen, während gleichzeitig den sogenannten „Entnazifizierungsgeschädigten" in der nichtjüdischen Bevölkerung Rentenansprüche bereitwillig zuerkannt wurden. Dabei führten psychiatrische Gutachter*innen die psychischen Folgen der genozidalen Verfolgung oftmals mehr auf die „Verfassung" der Kläger*innen zurück, als dass sie die nationalsozialistischen Verbrechen als Ursache anerkannten (Herzog 2017, S. 98). Mit Gegengutachten setzten sich israelische und amerikanische Psychiater*innen und Psychoanalytiker*innen für die Betroffenen ein. Sie wollten nachweisen, dass die Überlebenden an Symptomen litten, die auf die KZ-Haft zurückzuführen waren. Diese Symptome fassten sie als *Survivor Syndrome* zusammen. Die Besonderheit des Begriffs „Überlebenden-Syndrom" liegt darin, dass die Erfahrung von Betroffenheit mit Stärke und der Vorstellung von Zeugenschaft verbunden wird.

Bis heute ist der Traumadiskurs eng mit dem Ringen um Anerkennung von Unrechtserfahrung verknüpft – nicht nur im Hinblick auf Entschädigungszahlungen. Diese Situation ergibt ein zentrales Spannungsverhältnis: Die politische Anerkennung des Unrechtes kann zur Pathologisierung einer Gruppe auf Grundlage ihrer Erfahrung führen. Die Folgen genozidaler Verfolgung prägen Gesellschaften und halten dazu an, Trauma im Kontext politischer Prozesse situiert zu betrachten.

2.3 PTBS – Entdeckung oder Erfindung?

Die Entstehung des PTBS-Konzeptes in den USA der 1970er Jahren hing mit der gesellschaftspolitischen Aufarbeitung des Vietnam-Kriegs zusammen. Der „crazy Vietnam vet" – alkoholisiert, gewaltsam, suizidgefährdet – wurde in den Medien eine bekannte Figur. **Robert Lifton** (*1926) widmete sich ihr in dem Buch *Home from the War.* Darin kritisierte er das Bemühen von Psychiater*innen, in der Behandlung der Kriegsveteranen schnelle Erfolge zu zeitigen, um sie bald wieder zurück an die Front zu schicken, und plädierte für eine diagnostische Anerkennung ihrer Leiden als eigenständige psychische Störung. Das *Diagnostic and Statistical Manual of Mental Disorders* (DSM-III) der *American Psychiatric Association* (APA) führte 1980 schließlich die Diagnose *Post Traumatic Stress Disorder* (PTSD; dt. PTBS) ein. In die *International Classification of Diseases* (ICD-10) der Weltgesundheitsorganisation (WHO) fand die Diagnose 1991

Eingang. Paradoxerweise zog die Diagnose PTBS eine Entpolitisierung nach sich: Durch die psychologische Fokussierung auf die Kausalität von Ereignis und Symptomatik wurden politische Prozesse weitgehend ignoriert.

Die PTBS ist – je nach Perspektive – eine „Erfindung" oder „Entdeckung" der 1970er Jahre. Young (1995, S. 5) beschreibt ihr Aufkommen als ein Phänomen „glued together by the practices, technologies, and narratives with which it is diagnosed, studied, treated, and represented and by the various interests, institutions, and moral arguments that mobilized these efforts and resources". Heute wird vielfach eine inflationäre Verwendung des Begriffes problematisiert, die es umso wichtiger mache, über Erfahrungen von „Leid, Erschütterung, Schmerz, Verlust und Trauer zu sprechen" (Brunner 2014, S. 16), ohne alles unter PTBS und Trauma zu subsumieren.

Die klinische Konzeption von Trauma 3

In diesem Kapitel stellen wir mit dem Fokus auf der Posttraumatischen Belastungsstörung das klinische Verständnis von Trauma vor. Nach der Skizzierung ausgewählter Grundlagen (Abschn. 3.1) führen wir im mit der Institutionalisierung von PTBS in der Bundeswehr ein aktuelles Praxisbeispiel an (Abschn. 3.2) und eröffnen kritische Perspektiven auf das klinische Verständnis (Abschn. 3.3).

3.1 Theoretische Grundlagen und empirische Befunde

Die Erfahrung extremer Ereignisse, die zu einer nachhaltigen Überwältigung der psychischen Bearbeitungsfähigkeiten führen, ist Ausgangspunkt des klinischen Verständnisses von Trauma: kein Trauma ohne traumatisches Ereignis. In diesem Sinne verweist die ICD-10 auf kurz- oder langanhaltende Ereignisse oder Geschehen „mit außergewöhnlicher Bedrohung oder katastrophenartigem Ausmaß, die bei fast jedem eine tiefe Verzweiflung hervorrufen würde" (WHO 1994, S. 344). Etwas konkreter bezieht sich der DSM-5 auf ein Ereignis oder Ereignisse, die eine Konfrontation mit „actual or threatened death, serious injury, or sexual violence" (APA 2013, S. 271) beinhaltet.[1]

Die Art traumatischer Ereignisse lassen sich in zweifacher Hinsicht differenzieren: Erstens können sie einmalig bzw. kurzfristig (sog. Typ-I-Traumata)

---

[1]Diese wird als direktes Erleben, persönliches Miterleben bei einer anderen Person, Mitteilung des Erlebens durch ein Familienmitglied oder nahe Freunde oder Konfrontation in wiederholter Weise mit aversiven Details einer traumatischen Situation gefasst.

© Springer Fachmedien Wiesbaden GmbH, ein Teil von Springer Nature 2020
P. C. Langer et al., *Traumakonzepte in Forschung und Praxis,* essentials,
https://doi.org/10.1007/978-3-658-31683-9_3

oder mehrfach bzw. langfristig (Typ-II-Traumata) erfahren werden.[2] Zweitens können sie (mehr oder weniger) akzidentiell erfolgen – das betrifft insbesondere sog. *natural disaster* – oder sie sind interpersoneller Art – sog. *human made disaster.*

Traumatische Ereignisse sind zwar notwendige, nicht aber hinreichende Bedingungen für die Entstehung von Traumafolgestörungen wie die PTBS: Nicht jedes traumatische Ereignis zeitigt ein Trauma im klinischen Sinne. Insbesondere *human made disasters* weisen ein deutlich höheres Potenzial für die Ausbildung einer PTBS auf.

Forschungsarbeiten, welche das Vorkommen von PTBS bei Überlebenden der Shoah untersuchten, kamen auf hohe Prävalenzraten zwischen 40 und 74 % (Kuch und Cox 1992; Trappler et al. 2002). Auffällig war, dass viele Überlebende über Jahrzehnte ein erstaunliches Maß an „Normalität" und Funktionalität entwickelten, was über die Innen- und Beziehungswelt der Überlebenden meistens wenig aussagte (Ronel 2020).

Maercker (2013) hat ein multifaktorielles Rahmenmodell vorgeschlagen, das fünf ätiologische Faktorengruppen beinhaltet: prätraumatische Risiko- bzw. Schutzfaktoren, peritraumatische Ereignisfaktoren, posttraumatische Aufrechterhaltungsfaktoren, posttraumatische Ressourcen und gesundheitsfördernde Faktoren sowie posttraumatische Prozesse und Resultate (siehe Abb. 3.1).

Dass die Schwere des Traumas bei der Manifestation einer PTBS eine wichtige Rolle spielt, scheint selbstverständlich zu sein. Bedeutender erweisen sich die psychologischen Faktoren der Ereignisbewertung. Maercker (2013, S. 38) vermerkt dazu: „Ist das Traumaopfer in der Lage, für sich einen – wie gering auch immer vorhandenen – Spielraum an Einflussmöglichkeiten während des traumatischen Geschehens zu sehen, werden in die posttraumatischen Folgen meist nicht so ausgeprägt sein." Bei den Aufrechterhaltungsfaktoren zählten posttraumatische Lebensbelastungen – wie Trennungen oder Arbeitsunfähigkeit – zu den wesentlichen Faktoren für die Existenz chronischer Belastungsstörungen. Die Erfahrung eines Traumas kann den Bezug des Subjektes zu sich und der sozialen Umwelt tief greifend verändern. Gefühle wie Schuld (überlebt zu haben), Scham, Wut und Rache können bei der Aufrechterhaltung der posttraumatischen Situation wesentlich sein.

Wie lassen sich nun die posttraumatischen Prozesse verstehen? Ausgegend von Janet lassen sich Dissoziationen als Folge einer überwältigenden affektiven Erfahrung, die einen Verlust der integrierenden Funktion des Bewusstseins

---

[2]Diskutiert wird, inwieweit medizinisch bedingte Traumata, etwa aufgrund lebensgefährlicher Erkrankung, diese Klassifikation ergänzen müssten.

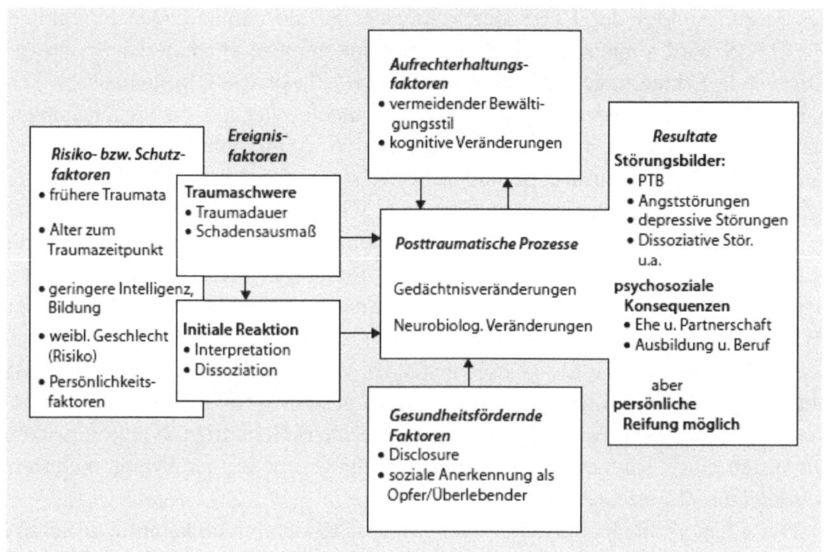

Abb. 3.1 Rahmenmodell der Ätiologie von Traumafolgen (Maercker 2013, S. 37)

bedingt, fassen. Diese bestehen teils unbemerkt oder unbewusst weiter und können als Bilder, Alpträume, Phantasien oder Embodiment erlebt und häufig auch im Verhalten reinszeniert wiederentdeckt werden (Eckhardt-Henn und Spitzer 2018). Neben der Ausbildung von Dissoziationen als Lösungsversuch entstehen – so die Objektbeziehungstheorie – insbesondere bei beziehungs-bedingten repetitiven Traumatisierungen häufig maligne Täterintrojekte im Sinne eines psychischen „Notfallmechanismus", wenn eine *fight-or-flight*-Reaktion nicht möglich ist und nur der Rückzug nach Innen als letzte Möglichkeit scheint. Der Organismus versucht sich mittels Introjektion und Identifikation mit dem Aggressor zu schützen und die erlebte Traumatisierung auf diese dysfunktionale Weise zu integrieren. Die Ökonomie der Entwicklung einer Traumastörung hängt insofern stets vom „unerträglichen Äußeren" versus salutogenetisch relevanter innerpsychischer Verarbeitung ab. Spezifische, z. T. maligne Gegenüber-tragungen und Verstrickungsgefahren in der psychotherapeutischen Arbeit mit PTBS-Patienten resultieren hieraus. Eine intervisorische Gruppen- oder Selbst-reflexion wird im diagnostischen Verständnis daher notwendig.

Zentral für das klinische Verständnis – insbesondere im Hinblick auf Diagnostik und damit verbundener therapeutischer Praxis – ist die Entfaltung des Störungsbildes der PTBS durch Angabe der sie definierenden Symptome. Die PTBS wird zumeist durch drei Symptomkomplexe charakterisiert: intrusiv auftretende Erinnerungen an das Trauma (z. B. Flashbacks), systematische Vermeidung von Umständen, die der Belastung ähneln oder mit ihr im Zusammenhang stehen, und körperliche und kognitive Symptome der Überaktivität (autonomes Hyperarousal). Bemerkenswert ist, dass es deutliche Unterschiede zwischen den Klassifikationssystemen und zwischen ihren einzelnen Fassungen gibt. Die ICD-10 ist nah an dieser dreigliedrigen Struktur orientiert, für die ICD 11, die 2022 in Kraft tritt, wird eine Reduktion der PTBS-definierenden Symptome avisiert und zugleich unterschieden zwischen einer klassischen PTBS und einer komplexen PTBS (K-PTSD), als deren Ursache vor allem interpersonelle traumatische Ereignisse verstanden werden und für die über die PTBS hinaus weitere diagnostischen Anforderungen gestellt werden (Brewin 2019). Im Vergleich zum DSM-IV wurde für den DSM-5 die dreigliedrige Symptomstruktur zugunsten eines 4-dimensionalen Modells aufgegeben. In vier Symptomclustern werden nun 20 Einzelsymptome angeführt.

Diese Unterschiede, die daran erinnern, dass es sich um umkämpfte diskursive Konstruktionen handelt, sind nicht trivial. Die sich daraus ergebenden Herausforderungen für Diagnostik und Therapie können politische Bedeutung haben. Es macht einen Unterschied, ob z. B. kriegs- und fluchtbedingte Traumata in Asylverfahren anhand der ICD-10/11 oder des DSM-5 diagnostiziert werden (Dreßing 2016). In einer Studie zu sexuellem Missbrauch in der Kindheit kommt Hyland et al. (2015) zu dem Ergebnis, dass 60 % der erwachsenen Teilnehmer*innen die DSM-5-Kriterien der PTBS erfüllten, aber nur 49 % diejenigen der ICD-11.

3.2 Praxisbeispiel: Die Institutionalisierung von PTBS in der Bundeswehr

In gesellschaftspolitischer Perspektive hätte es nahegelegen, an dieser Stelle auf die Rolle der PTBS im Kontext der Arbeit mit Geflüchteten einzugehen oder den Ambivalenzen dieser Diagnose in Bezug auf Opfer sexualisierter oder rassistischer Gewalt nachzuspüren, der neben wichtigen Therapiemöglichkeiten auch die Gefahr einer entpolitisierenden Psychopathologisierung gesellschaftlicher Probleme innewohnt (z. B. Gerdau et al. 2017; Keupp et al. 2016; Pole et al. 2005; Streeck-Fischer 2019). Wir haben uns aber dafür entschieden, die Institutionalisierung von PTBS in der Bundeswehr als Praxisbeispiel anzusehen, da sich daran gut aufzeigen lässt, wie in wenigen Jahren ein machtvolles Traumadispositiv entstand, das gesellschaftlich und politisch folgenreich ist.

Die Gründung des Psychotraumazentrums der Bundeswehr in Berlin im Jahr 2010 geht auf einen fraktionenübergreifenden Antrag im Deutschen Bundestag zurück. In diesem wurde die Bundesregierung aufgefordert, vorhandene und neu zu gründende Einrichtungen zur psychosozialen Behandlung und Betreuung von PTBS-Betroffenen in einem „Kompetenz- und Forschungszentrum" empirisch fundiert zusammenzufassen. Hintergrund war die Entwicklung des Aufgabenbereiches der Bundeswehr. Mit dem Einsatz in Afghanistan im Rahmen der ISAF-Mission waren deutsche Soldat*innen mit bisher nicht vertrauten Gefahren und einer hohen Gewaltintensität konfrontiert (Seiffert et al. 2011). Zu den „normalen" Herausforderungen in Auslandseinsätzen z. B. durch Trennung von Freund*innen und Familie kamen Raketenangriffe und Sprengstofffallen.

Die Zahl der im Kontext der Auslandseinsätze mit psychischen Problemen diagnostizierten Soldat*innen nahm seit Mitte der 2000er Jahren deutlich zu. Erfahrungsberichte wurden veröffentlicht (z. B. Wizelman 2009), Selbsthilfenetzwerke gegründet. Der Handlungsdruck, die einsatzbezogenen Belastungen präventiv wie therapeutisch anzugehen, wuchs. Teil des Problems war, dass psychische Problemlagen in militärischen Kontexten mit hohem Stigmapotenzial einhergehen. Das (Selbst-)Bild von Soldaten (gerade im Einsatz) ist das der Stärke. Dies betrifft nicht zuletzt Vorstellungen einer heroischen Männlichkeit. Insofern wundert es nicht, dass Angst vor Stigmatisierung, Karrierenachteilen, Verlust des Ansehens im Kameradenkreis und bei Vorgesetzten zu den am häufigsten genannten Gründen zählen, die Soldat*innen abhalten, Hilfe bei psychischen Problemen zu suchen (Hoge et al. 2004).

Im Sinne der vom Bundestag geforderten wissenschaftlichen Untersuchung führten Wittchen und Kolleg*innen (2012) eine Dunkelfeldstudie mit Soldat*innen nach ihrem Afghanistaneinsatz durch. Fast die Hälfte berichtete von einem traumatischen Erlebnis. 12 Monate nach ihrer Rückkehr wiesen in der Untersuchung 3 % eine PTBS auf, wobei erwartungsgemäß jene Soldat*innen, die in gewaltintensiven Einsatzorten stationiert waren, überrepräsentiert waren. Im Rahmen des Psychotraumazentrums wurden seitdem zahlreiche empirische Studien durchgeführt, die den PTBS-Diskurs in der Bundeswehr über den therapeutischen Nutzen hinaus beeinflusst haben (z. B. Schuy et al. 2019 zum Stigma psychischer Erkrankungen).

Neben der wissenschaftlichen Forschung liegt der Schwerpunkt des Psychotraumazentrums in der Prävention und Behandlung von psychischen Einsatzfolgeschäden. Mit dem Fokus auf einsatzbezogene Belastungen hat sich der Tätigkeitbereich der Wehrpsychologie seit Ende des Kalten Krieges signifikant verändert. Der Fokus auf PTBS hat auch darüber hinaus weitreichende institutionelle Folgen in der Bundeswehr gezeitigt: So liegen Handreichungen zum Umgang mit PTBS für Vorgesetzte, Aus- und Fortbildungskonzepte, Hilfe-stellung für betroffene Soldat*innen und Angehörige und – in Kooperation mit der evangelischen Kirche – ein Kinderbuch vor. Innerhalb von weniger als zehn Jahren wurde über die Diagnose PTBS als institutioneller Thematisierungs-korridor möglich, psychische Vulnerabilität von einem hochstigmatisierten „no go"-Thema in einen sensibilisierten und sorgenden Ansatz für einsatzerfahrene Soldat*innen zu wenden.

Der Rekurs auf PTBS und die damit einhergehenden Therapie- und Unter-stützungsoptionen sind für viele Soldat*innen zweifelsohne überlebenswichtig. Die Delegierung des Themas an eine Spezialeinrichtung ist indes problematisch, werden die schwierigen und nichtverarbeiteten Erfahrungen aus dem Ein-satz damit doch als individuelles und psychopathologisch relevantes Problem markiert, für das es Expertenhilfe gibt. Damit tritt die gesellschaftspolitische Relevanz des Themas in den Hintergrund, werden die durch die Soldat*innen in die Gesellschaft hineingetragenen Gewalterfahrungen „eingehegt", latent gehalten, müssen nicht weiter öffentlich diskutiert werden (Langer 2013). Eine Ergänzung der Institutionalisierung von PTBS in der Bundeswehr durch einen gesamtgesellschaftlichen Diskurs zu Erfahrungen von und Umgang mit Gewalt im Einsatz scheint daher wichtig.

3.3 Kritische Reflexion

Diagnosen reflektieren stets die zeitgeschichtliche Epoche und Kultur, in denen sie definiert werden. Edward Shorter (1993), ein Medizinhistoriker, der sich mit der Geschichte psychosomatischer Erkrankungen auseinandersetzte, spricht in diesem Zusammenhang von dem Phänomen der „Pathoplastizität". Das Konzept wird verwendet, um die Veränderbarkeit der gesellschaftlichen Legitimation von Erkrankungen im Laufe der Zeiten, aber auch der spezifischen Umwelt zu beschreiben. Die gesellschaftlichen Perzeptionen von Erkrankungen wandeln sich.

Die explizite Eminenzbasierung (im Gegensatz zur Evidenzbasierung) von Diagnosekatalogen wie der ICD oder dem DSM widerspricht einem naturwissen-schaftlichen Ansatz einer primär atheoretischen Herangehensweise (Traicu und Joober 2017). Obgleich nicht durchgehend validiert, häufig gegenseitig über-lappend und unklar abgegrenzt, haben sich die inzwischen etablierten Störungs-gruppen als klinisch nützlich erwiesen. Ein diagnostisches Einvernehmen konnte über die Entwicklung der letzten Jahrzehnte erzielt werden.

Im klinischen Alltag werden medizinische Berichte mit einer oftmals längeren Liste von unterschiedlichen akuten psychopathologischen Diagnosen formuliert.

So findet sich beispielsweise die Diagnose einer affektiven, einer Angst-, einer funktionellen/somatoformen und einer posttraumatischen Störung beim gleichen Patienten während der gleichen Behandlung. Eindrücklich sind die grafischen Darstellungen solcher Ergebnisse (vgl. Abb. 3.2), da die Vieldimensionalität der Konstrukte ins Auge springt.

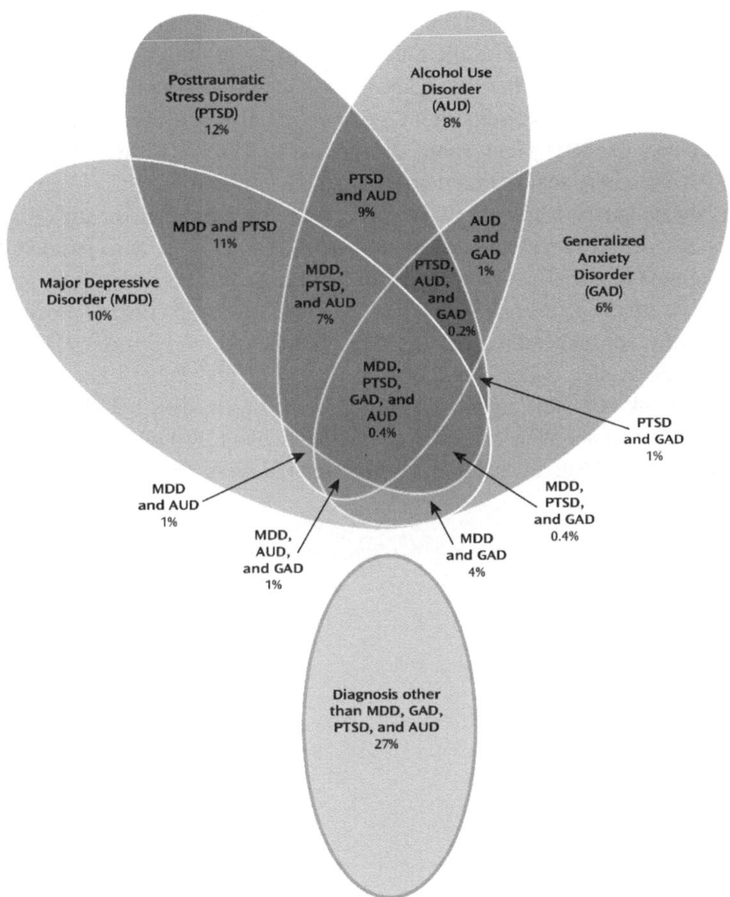

Abb. 3.2 Darstellung von Komorbiditätszusammenhängen (Regier et al. 2013)

Kritische Einwände erkennen im klinischen Verständnis von Trauma zudem eine:

- Psychopathologisierung: Was bedeutet es, mit PTBS eine psychische Störung zu diagnostizieren, die doch auch als „normale" (oder gar „gesunde") Reaktion auf eine „unnormale" (oder „krankhafte") Situation (Krieg, Folter, Missbrauch) verstanden werden könnte?
- Individualisierung: Wird die Diagnose nur als individuelles Leid begriffen und davon abgesehen, dass die Gewalt, die sich im traumatischen Ereignis vollzieht, in vielen Fällen (kriegsbedingte Gewalt, sexualisierte oder rassistische Gewalt) eine gesellschaftliche ist, es sich also um ein kollektiv bezogenes Leiden handelt? Geht damit die politische Dimension der Artikulation und Anerkennung sozialer Leidenserfahrungen verloren?
- Normalitätsannahme: Verweist das „post" in der PTBS nicht auf einen Zustand nach der Traumatisierung, die in vielen Fällen – in andauernden Konfliktkontexten – schlicht nicht gegeben ist? Macht es überhaupt Sinn, im Hinblick etwa auf die Kriege in Syrien oder Afghanistan von PTBS zu sprechen?
- Indifferenz gegenüber der Art des traumatischen Ereignisses: Besteht nicht ein eklatanter Unterschied zwischen *natural* und *human made disasters* im Hinblick auf die Folgen? Ließe sich nicht sagen, dass bei Naturkatastrophen draußen in der Welt etwas Furchtbares geschieht, während bei der anderen Art die soziale Welt an sich und das Vertrauen in diese zerstört wird?

Psychosoziale Traumaverständnisse

4

Mit diesem Kapitel erweitern wir den Blick von einem symptomorientierten klinischen Verständnis auf die gesellschaftlichen und politischen Kontexte, die Trauma als psychosozialen Prozess erkennen lassen. Der Vorstellung unterschiedlicher Konzeptionen (Abschn. 4.1) folgt ein Praxisbeispiel aus der Forschung mit Kindersoldaten (Abschn. 4.1), bevor wir auf konzeptionelle Unschärfen hinweisen (Abschn. 4.3).

4.1 Theoretische Grundlagen und empirische Befunde

Psychosoziale Ansichten beziehen sich auf ein gemeinsames Grundverständnis von Trauma als gesellschaftlich vermitteltem Prozess. Der Traumabegriff ist in diesem Sinne immer schon politisch und ermöglicht es, Erfahrungen des Leidens an gesellschaftlichen Gewaltverhältnissen zu artikulieren.

Anschaulich beschreibt Ariane Brenssell (2014, S. 123) die Prägung ihres Blicks auf Trauma durch die Arbeit mit Frauen, die sexualisierte Gewalt erfahren haben:

> Trauma […] ist etwas Individuelles und Gesellschaftliches, etwas Politisches und Persönliches zugleich. Eine Vergewaltigung ist eine grundlegende Erschütterung, etwas Unfassbares, ein Erleben von Ent-Mächtigung und Ohnmacht – zugefügt durch einen anderen Menschen – mit weitreichenden Folgen für die Betroffenen. Vergewaltigungen haften gesellschaftliche Vorurteile und Tabus an.

Becker (2014, S. 26) beginnt sein Buch *Die Erfindung des Traumas* mit einer Reflexion der eigenen psychotherapeutischen Erfahrungen mit extremtraumatisierten

© Springer Fachmedien Wiesbaden GmbH, ein Teil von Springer Nature 2020   17
P. C. Langer et al., *Traumakonzepte in Forschung und Praxis,* essentials,
https://doi.org/10.1007/978-3-658-31683-9_4

Opfern von Verfolgung und Folter durch das diktatorische Militärregime Pinochets in Chile:

> Psychische Leid ist nie unabhängig vom sozialen Kontext zu verstehen und zu behandeln. Dies gilt insbesondere in einem totalitären System wie der chilenischen Diktatur. Nur durch eine bewusste Reflexion des sozialen Kontextes kann die komplizierte Dialektik zwischen individuellem Leid und extremen soziopolitischen Vorgängen erfasst werden.

Die politische Dimension von Trauma wird nicht zuletzt bei genozidaler Gewalt deutlich (Langer und Brehm 2020). Psychosoziale Traumaansätze fokussieren auf *human made desasters* als von Menschen hergestellten Gewaltverhältnissen.

Der Begriff des psychosozialen Traumas geht auf **Ignacio Martín-Baró** zurück, einem Begründer der Befreiungspsychologie im Kontext des Bürgerkriegs in El Salvador. Die Befreiungspsychologie zielt „auf die Entwicklung kritischen Bewusstseins […] sowie das Empowerment der Menschen ab, damit diese sich von Unterdrückung und sozial ungerechten Strukturen befreien können" (Schroer-Hippel et al. 2018, S. 101). Baró beschreibt Trauma als in den Individuen gebildete „Kristallisation von sozialen abscheulichen und entmenschlichten Beziehungen" (zit. nach Repnik 2018, S. 32):

> Indem man von psychosozialem Trauma redet, besteht man drauf, dass das Trauma sozial produziert wurde und daher sein Verständnis und seine Lösung nicht nur darin liegen, das Problem des Individuums zu behandeln, sondern seine sozialen Wurzeln, das heißt, die sozialen traumatogenen Strukturen und Bedingungen. (ebd.)

Grundlegende Überlegungen zu einem psychosozialen Verständnis von Trauma legte bereits **Bruno Bettelheim** vor. Als österreichischer Jude wurde Bettelheim Ende der 1930er Jahre in NS-Konzentrationslagern inhaftiert. Seine Erfahrungen analysierte er 1943 in dem Aufsatz *Individual and Mass Behavior in Extreme Situations*. In einer Extremsituation befinden wir uns ihm zufolge

> […] wenn wir in eine Lage hineinkatapultiert werden, in der unsere alten Anpassungsmechanismen und Wertvorstellungen nicht mehr helfen, ja wo sogar einige von ihnen unser Leben gefährden, anstatt es wie früher zu schützen. In dieser Situation werden wir sozusagen unser es ganzen Abwehrsystems beraubt, und wir werden soweit zurückgeworfen, dass wir – der Situation gemäß – neue Einstellungen, Lebensweisen und Wertvorstellungen entwickeln müssen. (Bettelheim 1980, S. 20)

Eine Extremsituation, als deren psychologisches Korrelat die Extremtraumatisierung erscheint, ist charakterisiert durch „die Unausweichlichkeit einer Lebenssituation des Gefangenseins, ihre ungewisse Dauer und die permanente Bedrohung des Überlebens" (Bogner und Rosenthal 2019, S. 38) sowie den Verlust des Vertrauens in die soziale Mitwelt. Was bedeutet das für die Möglichkeit der Bearbeitung des Traumas? Bettelheim verweist auf Gefühle von Scham und Schuld, die mit dem Überleben verbunden werden, sowie auf das Gefühl der Unvermittelbarkeit und Sprachlosigkeit.

Ebenfalls in Bezug auf die Shoah hat **Hans Keilson** (1991) sein Konzept der sequenziellen Traumatisierung entwickelt, das viele aktuelle Konzeptualisierungen von Trauma in psychosozialer Hinsicht inspiriert hat. In einer Untersuchung von jüdischen Waisen, die die deutsche Besatzung der Niederlanden und die nationalsozialistische Vernichtung überlebt hatten, differenzierte er drei traumatische Sequenzen: 1) die feindliche Besetzung der Niederlande mit beginnendem Terror gegen die jüdische Minderheit; 2) die direkte Verfolgung, die Deportation und der Aufenthalt in Konzentrationslagern, das Versteck in improvisierten Kriegspflegefamilien; und 3) die Nachkriegsperiode, die von der Diskussion geprägt war, ob die Kinder in den holländischen Familien bleiben oder in eine jüdische Umgebung kommen sollten. Die Rede von Trauma als Prozess wird hier sofort einsichtig: Nicht das eine, einmalige Gewaltereignis beschreibt das Trauma, sondern die längerfristige Abfolge von Ereigniszusammenhängen mit einem komplexen Ineinandergreifen unterschiedlicher traumatischer Sequenzen. Keilsons Studie machte darauf aufmerksam, dass es nicht so sehr die an erfahrener Gewalt am intensivsten zu bewertende zweite Sequenz der Verfolgung, sondern die dritte Sequenz sei, die der Nachkriegsperiode, die für den Ausgang und die endgültige Beurteilung des massiv-kumulativen Traumatisierungsgeschehens wesentlich sei.

Becker (2014) hat Keilsons Konzept für ein kritisches Verständnis der traumatisierenden Prozesse im Kontext von Migration und Flucht fruchtbar gemacht. In dieser Hinsicht illustriert Abb. 4.1 einen psychosozialen Traumaprozess im Kontext von Flucht, wobei auch die Phasen 3 und 4, die nach der Flucht in einem Aufnahmeland situiert sind, von wesentlicher Bedeutung sind, da sie oft mit existenzieller Unsicherheitserfahrungen einhergehen und eine Bearbeitung der Fluchterfahrungen kaum möglich erscheint.

Psychosoziale Traumaverständnisse gehen in der Praxis mit interdisziplinären und multiprofessionellen Interventionsansätzen einher. In der Interventionspyramide (siehe Abb. 4.2), die in der internationalen humanitären und Entwicklungszusammenarbeit als Maßstab genutzt wird, drückt sich dies aus. Sie baut auf psychosozialer Arbeit auf, betont die Bedeutung von Communities etwa

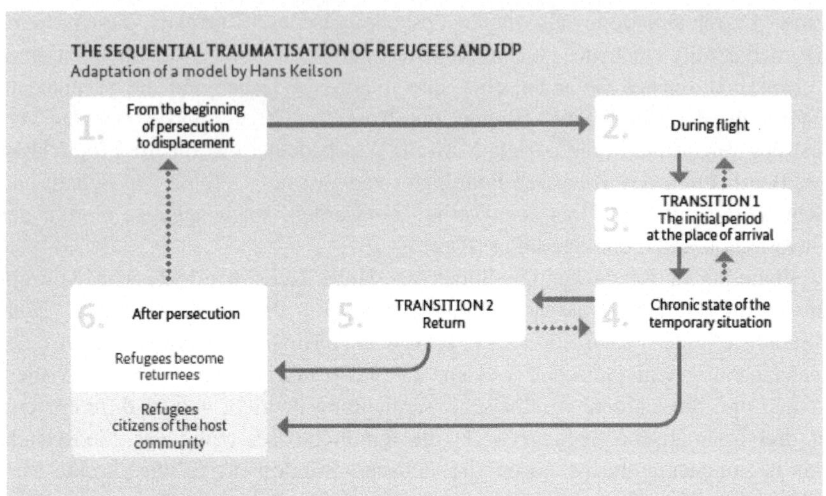

Abb. 4.1 Modell der sequentiellen Traumatisierung im Kontext von forcierter Migration und Flucht (GIZ 2018, S. 20)

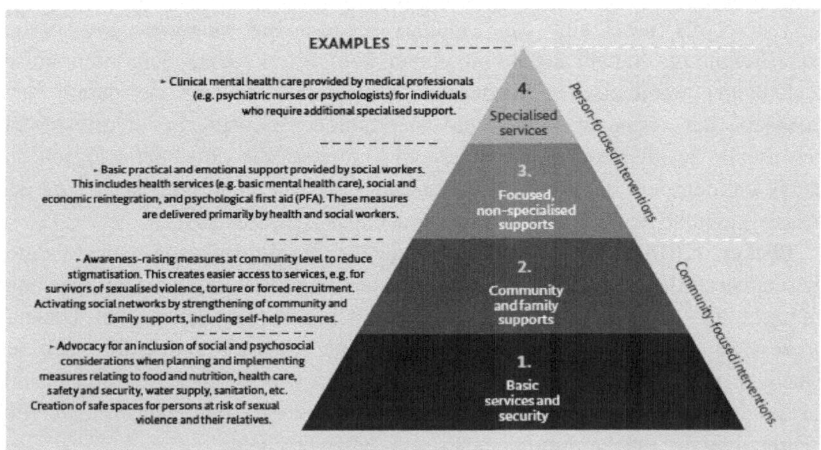

Abb. 4.2 Interventionspyramide für psychosoziale Unterstützung in Konfliktgebieten (GIZ 2018, S. 25)

im Hinblick auf die Destigmatisierung psychischer Erkrankungen und weist auf die Notwendigkeit hin, psychosoziale Aspekte auf allen Ebenen zu berücksichtigen, zum Beispiel mit der Schaffung sicherer Räume für Menschen, die Opfer sexualisierter Gewalt geworden sind.

Psychosoziale Verständnisse von Trauma sind mit einer ethischen Haltung verbunden, indem sie dazu auffordern, Partei zu ergreifen und das in therapeutischen Ansätzen vermittelte Neutralitätsgebot aufzugeben (Becker 2014, S. 46).

4.2 Praxisbeispiel: Forschung mit Kindersoldaten

Als Beispiel, wie ein psychosoziales Verständnis von Trauma psychologische und sozialwissenschaftliche Praxis anleiten kann, stellen wir ein Forschungsprojekt mit ehemaligen Kindersoldaten des „Islamischen Staates" (IS) im Nordirak vor, das 2018 und 2019 durchgeführt wurde (Langer und Ahmad 2019). Ziel des Projektes war die Identifikation psychosozialer Bedarfe der Kinder, um Unterstützungsangebote zu verbessern oder zu entwickeln. In der Tradition partizipativer Aktionsforschung wurde mit dem Projekt eine Stärkung der sozialen Agency der Kinder durch die forschende Intervention angestrebt.

Kindersoldaten spielten im ideologischen System der Terrororganisation als künftige Generation des Kalifats, als leicht zu formende Kämpfer*innen und als (auch sexuelle) Dienstleister*innen eine bedeutende Rolle und wurden systematisch und oft gewaltsam rekrutiert, ideologisch indoktriniert und militärisch gedrillt. Viele wurden in Gefechte und Anschläge involviert. Nach ihrer Befreiung wurden sie oft von irakischen oder kurdischen Sicherheitsagenturen festgesetzt, vernommen, teilweise auch unter Anwendung von Folter, kamen ins Gefängnis oder wurden in Camps untergebracht, wo sie ihre Vergangenheit nicht offenbaren durften, um nicht Repressalien oder Gewalt zu erleiden. In der politischen und gesellschaftlichen Wahrnehmung galten sie als Täter und waren hoch stigmatisiert. Am ehesten lassen sich die Erfahrungen der Kindersoldaten, in denen Täter- und Opferanteile ineinandergreifen, mit dem Konzept der Extremtraumatisierung fassen. Sie gehen über das hinaus, was mit der klinischen Diagnose einer PTBS beschrieben werden kann. Das Verständnis sequentieller Traumatisierung erlaubt es, nicht nur die Zeit im IS, sondern nach dem IS als wesentliche Phase der Bearbeitung der traumatischen Erfahrungen zu sehen. Bemerkenswert ist, dass bisher kaum etwas bekannt darüber ist, was therapeutisch in der Arbeit mit Kindersoldaten wirksam ist. Die wenigen publizierten Studien vermitteln keine tragfähigen Ergebnisse, die über die spezifischen Kontexte und Gruppe hinausweisen.

Zur Beantwortung der Frage, was die vom IS als Soldaten im Nordirak eingesetzten Kinder erlebt haben, in welcher Verfasstheit sie nach der Befreiung waren und was sie bräuchten, um ein Minimum psychischer Integrität und sozialer Handlungsfähigkeit zu erlangen, wurde für die Studie die Methode des kollaborativen Storytelling entwickelt. Die Idee war, kleine Gruppen aus drei bis fünf Kindern, die mit dem IS affiliiert gewesen sind, zu bilden und einen Prozess der gemeinsamen Entwicklung einer Geschichte in Gang zu setzen, die einen fiktionalen IS-Kindersoldaten zum Protagonisten hat. Die Geschichte sollte vor der Zeit des IS beginnen, den Zugang und die Erfahrungen im IS sowie den Ausstieg aus dem IS und die aktuelle Situation thematisieren und eine offene Perspektive auf die Zukunft enthalten. Folgende theoretische Annahmen leiteten die Entwicklung des methodischen Vorgehens und zeigen eine Möglichkeit der Überführung eines psychosozialen Traumaverständnisses in die Praxis der Forschung als Intervention an:

- Die Bedeutung von Narrativen ist in traumabezogener Forschung und Therapie vielfach vermerkt worden. Durch die entwickelten kohärenten und bedeutsamen Geschichten können sich die Kinder von der schwierigen Vergangenheit distanzieren und die Erfahrungen in ihre biografischen Identitätserzählungen integrieren.
- Indem die Gruppe eine fiktionale Geschichte entwickelt, kommt ein „als ob"-Modus zum Tragen, der auch in psychotherapeutischen Ansätzen Verwendung findet. Er ermöglicht es, die eigene Story im Namen des fiktionalen Charakters auszudrücken. Gerade in schambesetzten, stigmatisierten Artikulationskontexten erscheint dies hilfreich. Besonders in institutionell hoch kontrollierten Settings wie dem Gefängnis wäre das Erzählen der „wirklichen" Geschichte potenziell gefährlich, weshalb die Möglichkeit der Fiktionalisierung dem forschungsethischen Imperativ des „do no harm" Rechnung trägt.
- Die gemeinsame Entwicklung einer Storyline beinhaltet ein spielerisches Moment, welches den Ansatz besonders geeignet macht für die Arbeit mit Kindern. Auch das Risiko einer Retraumatisierung wird minimiert.
- Kollektivnarrationen sind schließlich eine wesentliche Voraussetzung der Artikulation individueller traumatischer Erfahrungen. Wir kennen das aus der Forschung mit Überlebenden der Shoah, die erst öffentlich über ihr Leben sprechen konnten, als ein kulturelles Narrativ über die Shoah vorhanden war. Das kollaborative Storytelling zielte darauf ab, durch diverse Narrationen einen Diskursraum zu schaffen, der es anderen Kindern erlaubt, ihre je spezifischen Erfahrungen zu artikulieren.

Die Entwicklung der Geschichten wurde entlang eines Manuals mit Leitfragen von regionalen Field Researchern begleitet, die bereits in unterschiedlichen

Settings mit ehemaligen Kindersoldaten zusammengearbeitet und eine vertrauensvolle Beziehung aufgebaut hatten. Die über einen Zeitraum von mehreren Wochen generierten und als Booklet publizierten Geschichten trugen dazu bei, die psychosozialen Bedarfe der Kinder besser zu verstehen (z. B. im Hinblick auf Entfremdungserfahrungen und die Bedeutung von Schuld; vgl. Langer 2020). Der therapeutische Nutzen der Methode im Sinne einer Verbesserung des psychischen und psychosozialen Zustandes konnte in dem Projekt jedoch nur subjektiv erfasst und muss in Folgestudien systematischer untersucht werden. Die Hoffnung ist, dass sich Collaborative Storytelling als eine partizipative Methode der psychosozialen Traumaarbeit erweisen kann. Sie ersetzt natürlich keine spezifisch therapeutische Arbeit, schafft aber einen Raum, in dem diese überhaupt erst beginnen kann.

4.3   Kritische Reflexion

„Die moderne westliche Sicht auf Traumatisierungen und ihre gesundheitlichen Konsequenzen", schreibt Kapfhammer (2018), „haben sich vorrangig auf die Dimension des individuellen Leidens konzentriert und wichtige soziokulturelle Kontexte weitgehend ausgeblendet. Auch gerieten menschliche Krisen und Katastrophen immer stärker in eine exklusive Zuständigkeit der Medizin, insbesondere von Psychiatrie und Psychotherapie." Psychosoziale Verständnisse von Trauma reagieren auf diese Kritik, indem sie die gesellschaftliche Vermittlung und politische Dimension von Gewaltverhältnissen betonen.

Kritisch zu vermerken ist, dass oft unscharf ist, was unter psychosozial jeweils verstanden wird. Ein Beispiel aus der Friedens- und Konfliktforschung: Miller und Rasmussen (2010) plädieren dafür, traumafokussierte und psychosoziale Theorierahmen zusammenzudenken. Dafür nutzen sie weniger ein prozesshaftes Verständnis von Trauma, sondern diskutieren alltägliche als psychosoziale Stressoren (zu denen sie unsystematisch prekäre Armut und Arbeitslosigkeit, schwierigen Wohn- und Bildungsverhältnissen ebenso zählen wie Verkehrsbelastung, Luftverschmutzung und politische Unsicherheit) für die psychische Gesundheit – die sie unter Bezug auf PTBS messbar machen. Die Konzeption bleibt damit ambivalent: Sie erweitert rein klinische Traumavorstellungen durch Einbezug von kontextuellen Belastungserfahrungen, die in gewaltsamen Konflikten immer auch politisch zu verstehen sind, ist dadurch anschlussfähig an das hier vorgestellte psychosoziale Verständnis von Trauma, hält aber an einem stresstheoretisch vereinfachten kausalen Wirkmodell fest, durch das es in konventionellen PTBS-Debatten Resonanz finden kann.

Transgenerationelle Weitergabe von Traumata

Die bisher vorgestellten Traumaverständnisse gingen davon aus, dass ein Individuum selbst ein traumatisches Ereignis erlebt hat. In diesem Kapitel stellen wir Ansätze vor, die der Frage nachspüren, ob und wie Traumata transgenerational weitergegeben werden (Abschn. 5.1). Am Beispiel der Psychotherapie eines Shoah-Überlebenden im Kontext mit der destruktiven Beziehungsdynamik mit seinem Sohn zeigen wir Symptome und Mechanismen der Weitergabe auf (Abschn. 5.2), bevor wir kritische Aspekte der Diskussion anreißen (Abschn. 5.3).

5.1 Theoretische Grundlagen und empirische Befunde

Transgenerationale Ansätze erfassen *psychologisch-psychodynamisch* die durch interpersonelle Beziehungen vollzogene bewusste oder unbewusste Weitergabe von Symptomen, *systemisch-kommunikationstheoretisch* die Übertragung von Traumata innerhalb des Systems Familie durch Kommunikation, *soziokulturell* die Weitergabe sozialer Normen und Überzeugungen von einer Generation an die nächsten Generationen, sowie *biologisch*[1] genetische und epigenetische Aspekte. Im Folgenden stellen wir familiensystemische und psychodynamische Modelle sowie ein integrativ-multidimensionales Modell vor.

---

[1] Zu biologischen Mechanismen der Übertragung zählen u. a. genetische Dispositionen für die erbliche Vulnerabilität für PTBS und epigenetische Ansätze (Yehuda et al. 2015; Roth 2014; Franklin et al. 2010).

© Springer Fachmedien Wiesbaden GmbH, ein Teil von Springer Nature 2020
P. C. Langer et al., *Traumakonzepte in Forschung und Praxis*, essentials,
https://doi.org/10.1007/978-3-658-31683-9_5

Judith S. Kestenberg (1989) entwarf ausgehend von der klinischen Arbeit mit Kindern von Shoah-Überlebenden den Begriff des „Zeittunnels" und das Konzept der „Transposition". Transposition beschreibt das Erleben der Kinder von Überlebenden, wie durch einen Tunnel in die Zeit der Verfolgung ihrer Eltern zu gelangen und gleichzeitig in Gegenwart und Vergangenheit zu leben. Die traumatische Vergangenheit der Eltern wird zu einem Teil der eigenen gegenwärtigen Realität. In dieser nehmen die in der Shoah ermordeten Verwandten, welche die Kinder nie kennengelernt haben, die in der elterlichen Trauer jedoch für sie spürbar präsent sind, eine wichtige Rolle ein. Die Identifikation mit den oftmals depressiven Eltern kann bei den Kindern zu dem unbewussten Erleben führen, dass die Eltern tot und nur wiederzubeleben seien, wenn es gelinge, die verlorenen Objekte zurückzubringen. Kestenberg beschreibt, dass die depressiven und angsterzeugenden Gefühle der Kinder beim Hinabsteigen in den Tunnel somatisiert werden, also Ausdruck in körperlichen Symptomen finden. Von welcher Art diese Symptome sind, wird bereits bestimmt durch die Art der elterlichen Interaktion bei der Körperpflege in der frühen Kindheit, in der die Überlebenden körperlich traumatische Erfahrungen an die Kindern weitergeben und diese so erste Berührungen mit dem Zeittunnel machen.

Haydée Faimberg (1988) verwendet statt des Tunnels die Metapher des Teleskops für die zeitliche Überlagerung von Generationen. Diese schieben sich durch Identifikations-, Aneignungs- und Intrusionsprozesse ineinander wie ein ausziehbares Teleskop, das scheinbar weit Entferntes ganz nah, greifbar heranholt. In einem „telescoping of generations" wird über die Verbindung von elterlichem Narzissmus und Identifikationsprozessen das Kind in der Wahrnehmung der Eltern zu einem Teil ihrer selbst. In dem Kind wird dabei projektiv-identifikatorisch der Teil ihrer Lebensgeschichte deponiert, den die Eltern selbst nicht ertragen können. Die Geschichten, die die Kinder in sich aufbewahren müssen, geben die Eltern nicht durch explizite Erzählungen, sondern unbewusst wirkende Botschaften über die Art ihres Sprechens weiter. Faimberg skizziert eine narzisstische Objektbeziehung zwischen Eltern und Kindern. Die Eltern schreiben sich so wie sie dem Kind in der Übertragungsbeziehung erscheinen in dessen psychische Realität als „innere Eltern" ein. Diese Figur der „inneren Eltern" strukturiert über die Identifikation die Psyche des Kindes. Der mit der narzisstischen Logik der Eltern identifizierte, entfremdete, abgespaltene Teil des Ichs erklärt:

> All that deserves to be loved is me, although it comes from you, the child (When I say "the child" I am referring to the internal experience of the child and the acknowledgment of a psychical space of its own). What I acknowlede as coming

> from you, the child, I hate; on the other hand you will be loaded with all that I do
> not accept in me: you the child, will be my not-me. (ebd., S. 106–107)

Faimberg unterscheidet zwischen den Momenten der Aneignung und Intrusion, die grundlegend für die narzisstische Objektregulation sind. Die narzisstische Liebe arbeitet im Dienst der Aneignung, der narzisstische Hass erfüllt die Funktion der Intrusion. Die traumatische Geschichte der Eltern, die sich in der Regel noch vor der Geburt der Kinder abgespielt hat, wird so zu deren eigener.

In familiensystemischer und bindungstheoretischer Sicht setzt sich **Dan Bar-On** (1998) mit dem Transmissionsmechanismus von Trauma auseinander und untersucht vor allem den Kommunikationsstil zwischen Shoah-Überlebenden und ihren Kindern. Er verweist dabei auf den sogenannten „Schweigepakt" („the conspiracy of silence") (Bar-On et al. 1998). Dieser beschreibt das unbewusste gegenseitige Vermeiden der Thematisierung der traumatischen Erfahrung. Die durch Unsicherheit geprägte Kommunikation zwischen Eltern und Kindern beschreibt Bar-On anhand der Metapher einer doppelten Wand: „The second generation became sensitive to their parents' needs to keep silent responding with a "doublewall". The parents did not tell and the children did not ask. When there was a need to make windows in the wall, as a rule, one side met with the wall of the other" (ebd., S. 326). Auf diese Weise wird das gemeinsame unausgesprochene Einverständnis der Vermeidung erhalten. Schließlich führt die unverarbeitete traumatische Erfahrung der Eltern zu einer ambivalenten Bindung zum Kind.

Yael Danieli (1998) schließlich verfolgt einen multidimensionalen integrativen Ansatz. In früheren Arbeiten differenzierte sie vier verschiedene „adaptational styles", die eine Typisierung der Überlebensstrategien der Betroffenen darstellen und in dem Prozess der Weitergabe die Kinder prägen: *victim style, fighter style, numb style, those who made it.* Das Trauma der Eltern beschreibt sie dabei als einen Zustand der Fixierung („fixity"), ausgelöst durch die Konfrontation mit einem traumatischen Ereignis: „The time, duration, extent and meaning of the trauma for the individual and the survival mechanisms/strategies used to adapt to it will determine the elements and degree of rupture, fragmentation and disorientation – the severity of the fixity." (Danieli et al. 2016, S. 640). Im Prozess der Adaptation erlernen die Kinder spezifische Verhaltensweisen und entwickeln Umgangsweisen, um auf das durch die traumatisierten Eltern geprägte Milieu zu reagieren.

> In the extreme, survival strategies generalize to a way of life and become enduring
> *posttrauma adaptational styles*. These adaptational styles will thus shape the

survivors' family life and, in turn, their children's upbringing, emotional development, identity, and beliefs about themselves, their peers, their societies and the world… (ebd.; Herv. i.O.)

Den Einfluss der Eltern auf die Kinder, das Bestreben der Nachkommen, sich und ihre Eltern von dem Trauma zu befreien, benennt sie als „reparative adaptational impacts": „By reparative, I want to emphasise that the childrens's main mission in life, conscious or not, is to repair the parents and themselves from the trauma" (Danieli 2019).

5.2   Praxisbeispiel: Transgenerationalität in der Psychotherapie

Als Beispiel rekurrieren wir auf die Fallbeschreibung psychotherapeutischer Gespräche mit einem Shoah-Überlebenden (und z. T. dessen Sohn), die der Psychoanalytiker Kurt Grünberg (2013) berichtet. Anhand der Fallvignette von „Alfred Silbermann" zeigt Grünberg die Wichtigkeit eines szenischen Erinnerns im Kontext der psychotherapeutischen Arbeit mit Überlebenden der Shoah und ihren Nachkommen auf. Mit diesem Ansatz fokussiert er auf die nonverbale, szenische Vermittlung des Traumas in Überlebenden-Familien. Die vielfältigen Symptome sind in erster Linie nicht sprachlich, sondern leiblich-performativ präsent. Sie sind Ausdruck eines „szenischen Erinnerns".

Extremtraumata „verstehen" zu wollen, ist nahezu unmöglich, „weil man sich hier im Grenzbereich des für das menschliche Fassungsvermögen Begreifbaren befindet" (Grünberg und Markert 2013, S. 197). Die Symbolisierungsfähigkeit scheitert schon im Erleben und damit zwangsläufig im bewussten Erinnern. Der Fokus des szenischen Erinnerns der Shoah verschiebt sich deshalb hin zu körperlichen Äußerungen und Wahrnehmungen. Die Betrachtung des Übertragungs- und Gegenübertragungsgeschehens ist dabei wesentlich. In der Begegnung zwischen Überlebenden und anderen Personen können sich die „fragmentierten, dissoziierten und nicht verarbeitbaren Erinnerungen" (Grünberg und Markert 2013, S. 197) Bahn brechen, Agieren und Mit-Agieren initiieren. Kindern der Überlebenden bleibt kaum eine Möglichkeit, sich den dadurch vermittelten Beziehungsmodi zu entziehen.

Zur Fallvignette: Alfred Silbermann ist 85 Jahre alt, als er sich mit der Bitte nach einem Hausbesuch an das jüdische psychotherapeutische Beratungszentrum in Frankfurt wendet; er sucht nach dem Selbstmordversuch seines

Sohnes Gabriel Hilfe für diesen. Grünberg kommt dieser Bitte nach, auch wenn die Behandlung außerhalb der Praxis, das Betreten der privaten Räume eigentlich als Verletzung der Abstinenz-Regel betrachtet werden müsste. Er betont, dass es von Vorteil sein kann, das Zuhause als vom Betroffenen arrangierte „Szene" miteinbeziehen zu können, denn dort „kann man die Nachwirkungen des extremen Traumas in deren sozialen und räumlichen Kontexten besser als irgendwo sonst erfassen." (Grünberg 2013, S. 66) Schnell wird klar, dass es nicht primär Gabriel ist, der Hilfe benötigt, da dieser sich bereits in Psychotherapie befindet. Das Trauma des Vaters sowie die davon geprägte, schwierige Beziehung der beiden steht im Zentrum. Gabriel, der mit seinem Vater zusammenlebt, war aus dem Fenster gesprungen und hatte leichtverletzt überlebt. Wir erfahren dabei von der Lebens- und Verfolgungsgeschichte seines Vaters sowie dem Verhalten des Vaters gegenüber dem Sohn, das von Verachtung und Hass geprägt zu sein scheint. Der Selbstmordversuch erweist sich als eine unbewusste Transposition im Sinne Kestenbergs: In einem Tagebuchausschnitt, den Silbermann für Grünberg kopiert hatte, hielt er fest, wie die Nazis alle Wohnungen durchsuchten, die jüngeren Kinder sofort töteten oder als wären sie bereits tot auf einen Laster warfen, wo die unten liegenden nach und nach erstickten. Die Mutter eines dieser Kinder, die bei ihm im Haus lebte, stürzte sich abends aus dem Fenster und war tot. Gabriel versuchte es dieser Toten, die der Vater bis heute betrauert, gleich zu tun. Neben dieser Ebene betrachtet Grünberg den Suizidversuch auch als „vollkommen missglückten Separations-Individuations-Versuch" (ebd.,: S. 69). In der Anwesenheit von Grünberg wertet Herr Silbermann seinen Sohn immer wieder offen und aggressiv ab. Den Suizidversuch bezeichnet er einmal versehentlich als „Selbstmord-Attentat" (ebd., S. 70), unterschwellig ahnend, dass sich diese Tat auch gegen ihn richtete. Ein Traum des Analytikers wird zum Schlüssel zur destruktiven Beziehungsdynamik: „Ein Detektiv erzählt mir, dass der letzte Überlebende, der in Frankfurt starb, umgebracht worden sei; und zwar, weil er der Veröffentlichung seiner Lebenserinnerungen nicht zugestimmt hat. Weil ich angebe, viele Überlebende zu kennen, gerate ich in Verdacht. Mein Verdacht fällt aber auf den Sohn eines Überlebenden, der bei mir in Analyse war: ob der seinen Vater umgebracht haben könnte?" (ebd., S. 72) In psychoanalytischer Perspektive deutet Grünberg dies als Gegenübertragungstraum, eine Reaktion auf Silbermann, in der „mörderische Impulse" (ebd., S. 73), die er ihm gegenüber empfindet, zum Ausdruck kommen. Grünberg begreift sich an dieser Stelle als identifiziert mit dem vom Vater immer wieder abgewerteten Sohn, dessen verbotene, unterdrückte Aggressionen er an seiner Stelle im Traum auslebt. Verboten fühlen sich diese Aggressionen nicht nur wegen der gleichzeitigen Liebe zum Vater an, sondern wegen dessen Trauma, der realen Verfolgungsgeschichte, in der er vernichtet werden sollte, weshalb Gabriel nicht in die Rolle der Verfolger geraten, die von ihm wahrgenommen Vernichtungsängste des Vaters nicht verstärken oder ihnen einen Anlass geben will. Grünberg erzählt Silbermann von diesem Traum, woraufhin dieser Angst bekommt, dass seine Abwehr zusammenbricht und Emotionen ihn überfluten, er will die Therapie abbrechen, setzt sie zunächst aber fort (vgl. ebd., S. 74).

Als Gabriel wieder in die geschlossene Psychiatrie muss, weil sich die Depressionen verschlimmern, bricht Silbermann die Therapie wirklich ab, verleugnet die Wechselseitigkeit der Verstrickungen zwischen seinem Sohn und sich selbst; die Destruktion dominiert wieder sein Handeln. Die von Faimberg beschriebenen Mechanismen des Telescopings zeigen sich eindrücklich an Gabriel und Alfred: Der Sohn darf keine eigene Person sein, nur „Selbstobjekt des Vaters" (ebd., S. 77).

In der Fallvignette wird vor Augen geführt, dass das Unaussprechliche dennoch fortwährend seine aggressiv-destruktive Wirkung entfaltet. Im Fall von Alfred Silbermann zeigt sich dies auf der einen Seite durch seinen Zynismus und seine Unnahbarkeit, die unbewusst dazu dient, emotionale Nähe zu Menschen zu verhindern, um sich vor Enttäuschungen zu schützen, auf der anderen Seite in der schweren Depression seines Sohnes, der die abgewehrten Vernichtungsgefühle seines Vaters ausagiert und mit suizidalen Handlungen zu kompensieren versucht. Der überforderte Sohn versteht dieses Dilemma nicht, spürt es nur am eigenen Leib, kann nur agieren. Mithilfe des szenischen Erinnerns gelingt jedoch die sprachliche Symbolisierung über den Umweg der Identifizierung des Analytikers mit ihm, dessen Gegenübertragungstraum und seiner anschließenden Deutung (vgl. ebd., S. 74).

5.3   Kritische Reflexion

Obwohl das Thema der transgenerationalen Weitergabe an Aufmerksamkeit gewinnt, bleibt es auf gesellschaftspolitischer Ebene kontrovers, gerade wenn es um die Anerkennung finanzieller Ansprüche oder die Realisierung von psychosozialen Angeboten für die nachfolgenden Generationen geht. Wissenschaftliche Erkenntnisse in dem Bereich der Epigenetik werden im politischen Diskurs häufig als „Beweis" für die Realität eines Traumas angeführt, allerdings ist dieses Feld noch neu und viele Fragen ungeklärt. Offen bleibt auch, wie diese Erkenntnisse in der Praxis weiterhelfen.

Wichtiger scheint die Frage des Umgangs auf gesellschaftlicher Ebene, die Berücksichtigung kommunikativer Familienzusammenhänge und die psychotherapeutische Bearbeitung. Zu unterscheiden ist etwa zwischen individuellen Mechanismen der Übertragung und Kontexten, in denen die gesellschaftspolitische Dimension einer historischen Unrechtserfahrung eine Rolle spielt. Sicherlich kann man bei Nachkommen von Täter*innen auch von einer kollektiven Erfahrung sprechen, aber problematisch wird es, wenn diese de-kontextualisiert das Sprechen über die eigenen Leiderfahrung ohne historische Bezüge zu einem gemeinsamen Leid verklärt.

Ein Spannungsfeld entsteht zwischen der individuellen psychologischen Auseinandersetzung und dem politischen Anspruch der Aufarbeitung der Geschichte. Das Trauma der Überlebenden, ihrer Nachkommen und den über ihre Identität mit den Verfolgten Verbundenen enthält das Erleben der Annihilierung und Stigmatisierung. Es ist in diesem Kontext nicht zu trennen von der Erfahrung struktureller politischer Ausgrenzung, einer Politik der Vernichtung, die mehrheitlich von der Gesellschaft getragen wurde. Stigmatisierung und Antisemitismus prägen die politische Auseinandersetzung der Nachkriegsgesellschaft bis heute. Die deutschen Täter*innen dagegen, können in diesem Sinne nicht als kollektiv traumatisiert gesehen werden. Hier hilft der Begriff der Gefühlserbschaft, den Freud eingeführt hat, weiter. Als Gefühlserbschaften werden auf deutscher Seite, wie Jan Lohl (2010) herausgearbeitet hat, Verteidigungswünsche ebenso wie verdrängte Schuld- und Scham an die Kinder und Enkel*innen weitergegeben. Was folgt ist Schuldabwehr-Antisemitismus, paranoide Angst vor jüdischer Rache, die Verklärung der eigenen Familiengeschichte und der Wunsch nach dem „Schlussstrich". So kann man kann sagen: Jede Weitergabe von Trauma kann man als Gefühlserbschaft begreifen, aber nicht jede Gefühlserbschaft ist traumatisch.

Der Rekurs auf Konzepte kollektiven Traumas, die wir präsentieren (Abschn. 6.1), schwankt zwischen Metapher, Diagnose und sozialpsychologischem Ansatz. Illustriert wird dies anhand des gesellschaftspolitischen Bezugs auf kollektives Trauma im Zuge der Wahrheitskommissionen in Südafrika (Abschn. 6.2). In einer kritischen Würdigung kommen wir so zu einer ambivalenten Einschätzung des wissenschaftlichen wie praktischen Nutzens der angeführten Konzepte (Abschn. 6.3).

6.1 Theoretische Grundlagen und empirische Befunde

Die kollektive Ebene von Traumata ist ein wissenschaftlich umkämpftes Feld. Bei den unterschiedlichen Konzepten lässt sich anhand des jeweils gewählten Leitphänomens zeigen, welche Merkmale für besonders zentral gehalten werden. Auch wenn die Konzepte den Anspruch erheben, auf andere Kollektivphänomene übertragbar zu sein, zeigen sich im konkreten Umsetzungsversuch Schwachstellen. Die Konzepte differieren im Hinblick auf die Fragen, ob das jeweils betrachtete Trauma kollektiv ist, weil es eine Opfergruppe ganz unvermittelt betrifft oder weil es kulturell kollektiviert wurde, und ob diese Kollektivierung über diskursive oder familiäre Tradierung besser erklärt werden kann.

Gewähltes Trauma („Chosen Trauma") Von **Vamik Volkan** (2001) stammt das Konzept des „gewählten Traumas". Er geht davon aus, dass sich Kollektive für ihre Identität passende historische Ereignisse „wählen", die in das kollektive Gedächtnis als Trauma eingehen.

© Springer Fachmedien Wiesbaden GmbH, ein Teil von Springer Nature 2020
P. C. Langer et al., *Traumakonzepte in Forschung und Praxis,* essentials,
https://doi.org/10.1007/978-3-658-31683-9_6

> Gewählte Traumata beziehen sich auf die geistige Repräsentanz von einem Ereignis, das dazu führte, dass eine Gruppe durch eine andere Gruppe schwere Verluste hinnehmen musste, dahin gebracht wurde, dass sie sich hilflos und als Opfer fühlte und eine demütigende Verletzung miteinander zu teilen hatte. (Volkan 1999, S. 73)

Das betroffene Identitätskollektiv hält über Generationen hinweg das Traumanarrativ am Leben und kann es für aktuelle politische Zwecke instrumentalisieren, wie Volkan an seinem zentralen Beispiel, dem mit genozidalen Dynamiken aufgeladenen Jugoslawienkrieg, verdeutlicht.

Kühner (2007) bemängelt an Volkans Ansatz die Engführung politischer Geschehnisse auf psychische Prozesse. Die Merkmale, mit denen er „chosen traumas" beschreibt, seien zudem zu allgemein formuliert und würden unterschiedliche historische Ereignisse und ihre Folgen unzulässigerweise auf eine gemeinsame Ebene heben (vgl. Kühner 2007, S. 107).

Genocidal Trauma **Andreas Hamburger** (2017) verwendet die Begriffe „social trauma" und „genocidal trauma". Sein Leitphänomen sind dabei Genozide, wodurch auch die Teile der Gruppe von dem Traumatischen betroffen sind, die nicht unmittelbar Opfer wurden, aber „mitgemeint" waren. Diese kollektive Dimension der Gewalterfahrung schlägt sich auf gesellschaftlicher, sozial-interaktiver Ebene nieder. Die Gewalt, die dem genozidalen Trauma zugrunde liegt, ist in ihrer Absicht immer schon auf ein Kollektiv gerichtet und schreibt sich über die Intention der Täter*innen in das kollektive Gedächtnis und die kollektive Identität der „Opfer"-Gruppe auch in den folgenden Generationen ein.

Cultural Trauma Einen dezidiert kultursoziologischen Ansatz hat **Jeffrey Alexander** (2004) entwickelt. In seinem Konzept des „cultural trauma" sind die konkreten Merkmale des spezifischen traumatischen Ereignisses nur sekundär bedeutsam. Viel wichtiger ist die nachfolgende Interpretation, die öffentliche Erzählung über das Geschehen, deren Entwicklung abhängt von den gesellschaftlichen Machtverhältnissen. Als ein Leitphänomen kultureller Traumata wird bspw. die Rolle der Sklaverei für die kollektive Identität schwarzer Amerikaner*innen in den USA angeführt. Zentral ist, dass nicht „die Kollektive" die Entscheidung treffen, sondern konkret benennbare „reflexive Akteure", die versuchen, das Kollektiv darauf aufmerksam zu machen, „dass eine fundamentale Verletzung passiert sei, dass etwas Heiliges angegriffen wurde (Kühner 2007, S. 109). Das Kollektiv ist nicht bereits durch das Ereignis traumatisiert, sondern muss im Nachgang erst „überzeugt" werden, traumatisiert worden zu sein. Ein kollektives Trauma ist für Alexander nichts „natürliches", sondern ein gesellschaftliches Konstrukt.

Historical Trauma Für die kollektiven Nachwirkungen von Kolonialismus und Sklaverei als Leitphänomen wird häufig der Begriff „historical trauma" verwendet. Geprägt hat ihn in den 1980er Jahren **Maria Yellow Horse Brave Heart.** Die generationenübergreifende Dimension steht dabei im Vordergrund: „Historical trauma (HT) is cumulative emotional and psychological wounding, over the lifespan and across generations, emanating from massive group trauma experiences." (Brave Heart 2003, S. 7). **Joy DeGruy** (2005) spricht in dieser Hinsicht von „Post Traumatic Slave Syndrome" als

> „a set of behaviors, beliefs and actions associated with or, related to multigenerational trauma experienced by African Americans that include but are not limited to undiagnosed and untreated posttraumatic stress disorder (PTSD) in enslaved Africans and their descendants."

„Historisches Trauma" meint, dass das traumatisch verstandene Ereignis ein historisches Ausmaß hat. In diesem Sinn steht es Konzeptionen des kulturellen und sozialen und auch gewählten Traumas nahe. Indem ein historisches Trauma als „public narrative" begriffen wird, liegt der Fokus auf der Wichtigkeit des dominanten Narrativs sowohl für die gesellschaftliche Rezeption als auch die psychische Gesundheit der sich damit Identifizierenden. Kritisch anzumerken ist jedoch, dass damit oft spezifische Identitäten festgeschrieben werden. Zudem ließe sich fragen, ob die mit dem historischen Leidensnarrativ verbundene „postkoloniale Trauer" wirklich posttraumatisch ist. Ist „Trauma" eine geeignete Metapher für dieses Erleben?

Symbolvermitteltes Trauma **Angela Kühner** (2008) macht mit den „symbolvermittelten Traumata" (S. 60) einen begrifflichen Vorschlag für indirekt erlebte, kulturell angeeignete Traumata, die symbolisch – z. B. medial – vermittelt wurden. Sie schreiben sich ein in eine kulturelle Repräsentanz. Als ein symbolvermitteltes Trauma kann *9/11* für die USA bzw. die westliche Welt oder die sich mit ihr Identifizierenden betrachtet werden. Mit dem Ereignis sei eine Erschütterung des Weltvertrauens verbunden, das Gefühl von Sicherheit ging statistisch messbar verloren. Ein kollektives Trauma ist in diesem Sinne ein vielfach vermitteltes kollektiviertes Trauma, das über eine konstruierte kollektive Identität wirkt (vgl. ebd.). So wie erst die nachträgliche diskursive Bearbeitung des Erlittenen in gemeinsam geteilten (bspw. nationalen) Narrativen (der eine Kollektivierung der Opfer durch die Täter*innen vorausgegangen sein kann) es kollektiviert, kann die Teilhabe an einer kollektiven Identität zur „Ansteckung" mit dessen Traumata führen. Damit verschiebt sich der theoretische Referenzrahmen von psychologischen Verständnissen der Beschädigung seelischer Gesundheit hin zu sozial- und kulturwissenschaftlichen Konzeptionen des kulturellen Gedächtnisses, des gesellschaftlichen Unbewussten und der kollektiven Identität.

6.2 Praxisbeispiel: Wahrheitskommissionen in Südafrika

Sehen wir uns ein Beispiel an, das oft angeführt wird, wenn es um kollektive Traumata und ihre politische Bearbeitung geht: die Apartheid in Südafrika und die nach ihrem Ende institutionalisierten Wahrheits- und Versöhnungskommissionen (WVK). WVKs untersuchen als außergerichtliche Ermittlungsbehörden die Geschichte von Menschenrechtsverletzungen durch bestimmte Konfliktparteien.

Apartheid, jahrhundertelanger Rassismus, Verbrechen des weißen Militärs und der Polizei, Terroranschläge von schwarzen Widerstandsgruppen und rechten Nationalisten haben viele einzelne traumatische Gewalterfahrungen mit sich gebracht. Die „Rassentrennung" war als Instrument zur Sicherung der Herrschaft der Weißen über die Schwarzen im Land rechtlich festgeschrieben, durchgesetzt mit Polizeigewalt. Der 16. Juni 1976 markierte einen blutigen Kulminationspunkt: Schwarze Schüler*innen hatten einen friedlichen Protest gegen Afrikaans anstelle von Englisch als Unterrichtssprache organisiert, der von der Polizei niedergeschossen wurde. Es folgten offener Bürgerkrieg und UN-Sanktionen, der Druck auf die weiße Minderheit stieg. 1992 wurde ein Reformprogramm von Ministerpräsident de Klerk aufgelegt, der mit dem im Gefängnis sitzenden ANC-Anführer Nelson Mandela verhandelte. Teil der Verhandlungen waren ein Amnestie-Abkommen und die Einsetzung der Wahrheitskommission, die im Gegenzug für die Amnestie der Täter*innen die Wahrheit ans Licht bringen sollte. 1994 endete die Apartheid offiziell, Mandela wurde nach 30 Jahren im Gefängnis der erste schwarze Ministerpräsident Südafrikas.

Betrachten wir einige der vor den WVK verhandelten Ereignisse anhand eines aufschlussreichen Beitrags von Kattermann (2012). In drei Vignetten geht sie Dilemmata der WVK nach. Die erste mit dem Titel „*Öffentliche Traumabearbeitung kontra subjektive Bedürfnisse?*" zeigt, wie die Logik öffentlicher Aufarbeitung des kollektiven Traumas, alle relevanten Informationen über die Tat investigativ ans Licht zu bringen, die Opfer dazu zwang, schmerzhafte und schamvolle Erlebnisse zu rekapitulieren und so individuelle Vulnerabilitäten zu offenbaren und traumatische Wunden wieder auszureißen. Kattermann interpretiert dies als eine Form des Wiederholens ohne Durcharbeitens, das das Opfer ein weiteres Mal viktimisiert. Die kollektive läuft hier der individuellen Bearbeitung des Traumas diametral entgegen (vgl. Kattermann 2012, S.119–120). Um mögliche Rollenkonfusionen von Tätern und Opfern geht es bei der zweiten Vignette *„Trauma und Versöhnung"*. Die Affekte, die in dem dort beschriebenen Prozess aufkommen, wollen nicht zur vorgegebenen Versöhnung passen: Das weiße Opfer, eine hinterbliebene Ehefrau eines Getöteten, fordert trotz Wissens um die Amnestieregelung eine „Strafe" für die schwarzen Täter. Die Schilderungen ihres Leids, verbunden mit Trauer und Aggression, führen bei einem schwarzen Mitglied des WVK zu einem affektiven Ausbruch, in welchem er ihr Leid gegen das der kollektiv unterdrückten schwarzen Bevölkerung stellt und vor dem Hintergrund der Anzahl schwarzer Opfer moralisch für ungültig erklärt. Der Klägerin bleibt auf die Forderung, Zeugnis darüber abzulegen, wie sie zur Apartheid stand und steht, nur der phrasenhafte Bezug auf das Versöhnungsmantras, wonach alle Opfer waren (vgl. ebd., S. 120–123). Das Opfer in der dritten Vignette – *„Eine Begegnung zwischen Täter und Opfer"* – ist ein Mann, der bei einem Terrorangriff auf einen Bus, in dem Schwarze saßen, schwere Verletzungen davontrug. Er hat Widerspruch eingereicht gegen das Amnestierungsgesuch des Täters, der Mitglied einer ultrarechten burischen Gruppe gewesen ist, die den Anschlag geplant und verübt hat. Vereinzelt gab es solche Gegenüberstellungen in sogenannten Widerspruchsverfahren von Opfern gegen Amnestierungsgesuch der Täter*innen, systematisch vorgesehen waren sie nicht. Insofern der Täter jedoch das Amnestierungskriterium „Anordnung der Gewalt durch eine höhere politische Struktur" aufwies, spielte das emotional vorgetragene Leid des Opfers und die rassistische Gesinnung des Täters keinerlei Rolle bei der Frage nach Amnestie. Sie wurde ihm gewährt (vgl. ebd., S. 123–125). Kattermann verweist hier auf „die eigentlich brisanten Fragen nach Reue, Bereitschaft zur Wiedergutmachung, Gerechtigkeit und Moral. Sie sind in der Beziehung zwischen Tätern und Opfern virulent und können durch die ausschließliche Reduzierung der Bearbeitung auf rechtliche Aspekte der Tat keinen Zugang finden" (ebd., S. 124).

Eine umfassende Amnestie war nach allgemeiner Einschätzung eine unvermeidbare Bedingung für den Demokratisierungsprozess. Ziel der Wahrheitskommissionen war daher nicht die Bestrafung von Täter*innen, sondern ihre symbolische Verantwortlichmachung: Versöhnung als Ziel statt Anerkennung der Unstillbarkeit des Traumas. Die Verhandlung von Schuld, Reue und Verantwortung zwischen den verschiedenen Gruppen auf der gesellschaftlichen Bühne trug zur Möglichkeit bei, eine gemeinsame nationale Identität Südafrikas zu entwerfen. Der Versöhnungsdiskurs wurde immer dann in Anschlag gebracht, wenn die affektive Aufgeladenheit die zugrunde liegenden gesellschaftlichen Konflikte, die ja gerade durch die Prozesse befriedet werden sollte, zu eskalieren drohte. Die Rede davon, dass irgendwie „alle Opfer" waren, lässt die Akteur*innen der Gewalt verschwinden. Auch die ehrende Würdigung der Opfer kann versteckt zum Wohl der Täter*innen instrumentalisiert werden: „Der Versöhnungsdiskurs trug umgekehrt dazu bei, die einseitige Vorleistung der Opfer zu verschleiern, indem er die Opfer als Helden feierte, die großherzig vergeben und zugleich von der WVK geheilt würden. [...] Es waren abermals die Opfer, welche ihr Anliegen im Interesse der kollektiven Befriedung zurückzustellen hatten" (ebd., S. 126). Den Preis zahlten die Opfer, in dem sie nicht nur auf Rache, sondern auch auf Gerechtigkeit verzichten mussten.

Aus psychologischer Sicht konnte die WVK keine Traumata heilen oder die Versöhnung zwischen Opfern und Täter*innen herbeiführen. Die gesellschaftlichen Konflikte waren in den WVK präsent, wurden zum Teil unbewusst reinszeniert. Der Wunsch oder die Forderung, „Versöhnung" leisten zu können, musste zwangsläufig scheitern.

6.3   Kritische Reflexion

Um noch einmal die Fragen vom Anfang aufzugreifen und abschließend einer kritischen Beantwortung zu unterziehen: Gibt es überhaupt kollektive Traumata? Macht es Sinn, den Begriff trotz seiner Unschärfe zu verwenden?

Kollektives Trauma lässt sich als Rahmenkonzept sehen, um wahrgenommene und empfundene Gewalt-, Unrechts-, Leidenserfahrungen von Kollektiven, die über das je individuelle, direkte oder auch familiär tradierte Erleben hinausgehen, zu beschreiben und in ihren psychosozialen und gesellschaftspolitischen Dynamiken zu verstehen. Wissenschaftlich problematisch ist jedoch die unscharfe theoretische Abgrenzbarkeit der unter „kollektivem Trauma" subsumierten Erscheinungen: Mal geht es um ein Kollektiv, das sich durch eine „gemeinsame" Gewalterfahrung konstituiert, mal um eine spätere Identifizierung mit einem so gebildeten Kollektiv. Referenzpunkte für solch unterschiedliche „kollektive Traumata" sind im öffentlichen Diskurs bspw. *9/11*, die Shoah, der Genozid an den Armenier*innen, die Verfolgung und Vertreibung der Indigenen Amerikas sowie die Sklaverei, aber auch Kriegsniederlagen oder banale Ereignisse wie die Niederlage einer Fußball-Nationalmannschaft die medial schon mal als „nationales Trauma" gerahmt wird.

Wie vom individuellen macht auch vom kollektiven Trauma zu sprechen nur Sinn, wenn das Erleben, um das es sich dreht, von absoluter, individuell erlebter Ohnmacht geprägt ist.

Vor dem Hintergrund der politischen Instrumentalisierbarkeit macht es gerade dort Sinn, sich als differenzierende Wissenschaftler*innen in den gesellschaftlichen Diskurs einzumischen, wo eine narzisstische Kränkung mit einem Trauma gleichgesetzt wird und ein Wettbewerb um das Opfer-Sein bis hin zur Täter-Opfer-Umkehr einsetzt. Ist ein „Opferkollektiv" tatsächlich traumatisiert oder etikettiert es sich selbst nur mit diesem aufgeladenen Begriff, um seine Interessen zu legitimieren? Noch heikler ist die Frage, ob auch „Täterkollektive" traumatisiert sein können, eventuell sogar durch ihre Taten selbst.

Kühner, deren Arbeiten wir hier weitgehend gefolgt sind, hat wohl Recht, wenn sie vermerkt, dass der Begriff des „kollektiven Traumas" trotz all seiner Problematiken und Unschärfen als übergeordnete Metapher für unterschiedliche kulturelle, gesellschaftliche und psychische Phänomene nicht gänzlich verworfen werden sollte – gerade wenn es darum geht, den Blick darauf zu richten „was denn in Kollektiven – analog zu individuellem Trauma – nach massivem Unrecht bleibt" (Kühner, 2008, S. 269).

Gewaltverhältnisse haben die Geschichte der Menschheit von ihrem Anbeginn an geprägt. Ob dabei, wie Steven Pinker (2011) argumentiert, die Gewalt in den letzten Jahrhunderten deutlich zurückgegangen ist und wir heute „in the most peaceable era in the existence of our species" leben, ist Gegenstand aktueller Debatten (Langer 2019). Mit dem globalisierten und auf unterschiedlichen individuellen wie kollektiven Ebenen angesiedelten Traumadiskurs haben sich indes die Koordinaten des Sprechens über Gewalt und ihre Folgen tief greifend verändert. Waren es stets die sprichwörtlichen Gewinner, die die Geschichte geschrieben und die Verlierer zum Schweigen gebracht haben, erhalten die Opfer von Gewalt nun durch den Bezug auf Trauma eine machtvolle Stimme, die Deutungshoheit über das Erlebte einfordert, erlittenes Unrecht artikuliert und die Position der Täter*innen zu delegitimieren im Stande ist. Aus einst ohnmächtiger Schwäche erwächst zumindest die Möglichkeit von *Agency*. Der Erfahrung des Opfers – als Überlebende*r und Zeug*in – wird eine spezifische Wahrheit zugeschrieben. Es ist jedoch eine der Merkwürdigkeiten des Traumadiskurses, dass dem Opfer diese „Wahrheit" zwar zugestanden wird, es aber andere – professionelle Zeug*innen – benötigt, um sie ans Tageslicht zu befördern, sie vermittelbar zu machen: Psychotherapeut*innen und Psychiater*innen in Diagnose und Therapie etwa, Historiker*innen mittels *Oral-History*-Projekten oder politische Institutionen wie Wahrheitskommissionen. Das Trauma spricht nicht für sich.

Und doch muss es – in der Logik des Traumadiskurses – sprechen und damit zur Sprache gebracht werden, um die „conspiracy of silence" zu durchbrechen. Was würde es aber bedeuten, dem Imperativ des Sprechens das Recht zu Schweigen entgegenzuhalten? Ein Trauma lässt sich ohnehin nie ganz begrifflich fassen, es ist ja gerade Ausdruck dessen, dass etwas geschehen ist, „wohin

© Springer Fachmedien Wiesbaden GmbH, ein Teil von Springer Nature 2020   41
P. C. Langer et al., *Traumakonzepte in Forschung und Praxis,* essentials,
https://doi.org/10.1007/978-3-658-31683-9_7

die Worte nicht reichen" (Keilson). In dieser Hinsicht sieht Leanh Nguyen (2011) die Orientierung an PTBS als Reaktion auf eine „increasingly dehumanizing and death-denying culture we live in", der eine phantasmatische Beruhigung und falsche Ermächtigung zugrunde liege. Programmatisch stellt er fest: „Our approach to trauma evaluation affirms that trauma can be known and measured. Our approach to treatment affirms that trauma can be repaired. Our culture of advocacy and expert testimony affirms that trauma can be easily translated, assimilated, and passed around for cultural consumption." Dem setzt er Dominik LaCapras (2001) Forderung entgegen, angesichts von Trauma in einem Zustand von „empathic unsettlement" zu verbleiben.

Der Traumadiskurs ist – gerade auch dort, wo er ein vermeintlich individuelles Leiden rein klinisch zu beschreiben beansprucht – hoch politisch. So zählt etwa das „Tätertrauma" sicherlich zu den umstrittensten Konzepten innerhalb des Traumadiskurses, weil sich die Frage stellt, ob Täter*innen – jenseits einer möglicherweise entsprechenden Symptomatik – durch ihre Taten überhaupt „traumatisiert" sein können, wenn doch der Kern einer traumatischen Erfahrung die der völligen Ohnmacht und des Entmenschlichtwerdens ist. Die dem Trauma-diskurs eingeschriebene Kontroversität verlangt ein Maß an Vertiefung, dem wir in der Kürze dieses Einführungsbandes nicht gerecht werden konnten. Wir hoffen jedoch, dass wir mit diesem Überblick spannende Anregungen geben konnten, denen Sie als Lesende – gern auch in kritischer Abgrenzung – nachgehen können. Ein Plädoyer für Vernetzung der verschiedenen Professionellen (und auch engagierten Betroffenen), die sich mit ihren Perspektiven und Einsichten gegen-seitig bereichern und voranbringen können, statt eines Kampfes um Deutungs-hoheit, auch wenn das jeweilige Traumaverständnis nicht immer auf einen Nenner zu bringen ist, ist unser Anliegen. Denn unabhängig davon, ob nun in jedem Fall der Begriff „Trauma" der passende Terminus ist, geht es doch darum, darüber hinaus gemeinsam daran zu arbeiten, mit einer um Verständnis bemühten Haltung Umgangsweisen mit menschlichem Leid, Konflikten und (extremen) Gewalterfahrungen finden zu können.

Was Sie aus diesem *essential* mitnehmen können

- Der Traumadiskurs ist stets hoch politisch gewesen. Die Einführung der PTBS als klinische Diagnose zeigt in seiner Geschichte das neuste Paradigma an.
- Die klinische Konzeption von Trauma mit PTBS als Leitdiagnose geht von einer nachhaltigen Überwältigung der psychischen Bearbeitungsfähigkeiten des Individuums in der Konfrontation mit extremen Ereignissen aus. Die Psychopathologisierung riskiert jedoch eine Abstrahierung von sozialen Leidenserfahrungen.
- Psychosoziale Verständnisse, die auf Erfahrungen des Leidens an gesellschaftlichen Gewaltverhältnissen fokussieren, betonen die Prozesshaftigkeit von Trauma in dessen politischen Kontexten. Die konzeptionelle Fassung des Psychosozialen bleibt dabei vielfach unscharf.
- Konzepte transgenerationaler Weitergabe von Traumatisierungen beschreiben Mechanismen der Traumatransmission und verweisen auf die Nachwirkungen historischen Unrechtes in unterschiedlichen Kontexten. Dabei geht es auch um Verflechtungen zwischen gesellschaftspolitischer Aufarbeitung und individuellen Prozessen der Verarbeitung.
- Rekurse auf Konzepte kollektiven Traumas schwanken zwischen Metapher, Diagnose und sozialpsychologischem Anspruch. Sie ermöglichen jedoch einen Blick auf die gesellschaftlichen Folgen massiven Unrechts.

© Springer Fachmedien Wiesbaden GmbH, ein Teil von Springer Nature 2020   43
P. C. Langer et al., *Traumakonzepte in Forschung und Praxis*, essentials,
https://doi.org/10.1007/978-3-658-31683-9

Literatur

Alexander J (2004) Toward a theory of cultural trauma. In: Alexander J, Eyerman JR, Giesen B, Smelser NJ, Sztompka P (Hrsg) Cultural trauma and collective Identity. University of California Press, Berkeley, S 620–639

American Psychiatric Association (2013) Diagnostic and statistical manual of mental disorders. DSM-5. American Psychiatric Association Publishing, Washington

Bar-On D et al (1998) Multigenerational perspectives on coping with the holocaust experience: an attachment perspective for understanding the developmental sequelae of trauma across generations. Int J Behav Dev 22(2):315–338

Becker D (2014) Die Erfindung des Traumas: verflochtene Geschichten. Psychosozial, Gießen

Bettelheim B (1943) Individual and mass behavior in extreme situations. J Abnorm Soc Psychol 38(4):417–452

Bettelheim B (1980) Erziehung zum Überleben. Zur Psychologie der Extremsituation. Deutsche Verlagsanstalt, Stuttgart

Bogner A, Rosenthal G (2019) KindersoldatInnen im Kontext. Universitätsverlag, Göttingen

Brave Heart MY (2003) The historical trauma response among natives and its relationship with substance abuse: a Lakota illustration. J Psychoactive Drugs 35(1):7–13

Brenssell A (2014) Traumaverstehen. In: Weber K (Hrsg) Störungen. Argument Verlag, Hamburg, S 123–150

Brewin CR (2005) Systematic review of screening instruments for adults at risk of PTSD. J Trauma Stress Official Publication of The International Society for Traumatic Stress Studies 18(1):53–62

Brewin CR (2020) Complex post-traumatic stress disorder: a new diagnosis in ICD-11. BJPsych Advances 26(3):145–152

Brunner M (2014) Trauma und Gesellschaftlicher Kontext. In: Zentralwohlfahrtstelle der Juden in Deutschland (Hrsg) Betreuung und Belastung. Herausforderungen bei der psychosozialen Versorgung von Überlebenden der Shoah. ZWST, Frankfurt a. M., S 8–17

Danieli, Y (Hrsg) (1998) International Handbook of Multigenerational Legacies of Trauma. Plenum Press, New York

© Springer Fachmedien Wiesbaden GmbH, ein Teil von Springer Nature 2020
P. C. Langer et al., *Traumakonzepte in Forschung und Praxis*, essentials,
https://doi.org/10.1007/978-3-658-31683-9

Danieli Y (2019) (22. Mai). How is trauma passed on through generations? Interview with M. Armoudian. https://www.thebigq.org/2019/05/22/qa-how-is-trauma-passed-on-through-generations. Zugegriffen: 18. Juli 2020

Danieli Y, Norris FH, Engdahl B (2016) Multigenerational legacies of trauma: modeling the what and how of transmission. Am J Orthopsychiatry 86(6):639–651

DeGruy J (2005) Post traumatic slave syndrome. America's legacy of enduring injury and healing. Joy DeGruy Pub. Inc, Portland

Dreßing H (2016) Kriterien bei der Begutachtung der Posttraumatischen Belastungsstörung (PTBS). Hessisches Ärzteblatt 5:271–275

Eckhardt-Henn A, Spitzer C (2018) Dissoziative Bewusstseinsstörungen: grundlagen, Klinik, Therapie. Schattauer, Stuttgart

Faimberg H (1988) The telescoping of generations. Contemp Psychoanal 24(1):99–118

Fassin D, Rechtman R (2009) The empire of trauma. An inquiry into the condition of victimhood. Princeton University Press, Princeton

Franklin TH et al (2010) Epigenetic transmission of the impact of early stress across generations. Biol Psychiatry 68:408–415

Gerdau I, Kizilhan JI, Noll-Hussong M (2017) Posttraumatic stress disorder and related disorders among female Yazidi refugees following Islamic state of Iraq and Syria attacks—a case series and mini-review. Frontiers in Psychiatry 8:282

GIZ (2019) Guiding framework for mental health and psychosocial support (MHPSS) in Development Cooperation. https://www.giz.de/en/downloads/giz2018-en-guiding-framework-MHPSS.pdf. Zugegriffen: 18. Juli 2020

Grünberg K (2013) Szenisches Erinnern der Shoah. „Das abenteuerliche Leben des Alfred Silbermann". In: S Grillmeyer (Hrsg) Juden in Mitteleuropa. Echter, Würzburg, S 58–67. http://www.injoest.ac.at/files/jme_2013.pdf. Zugegriffen: 11. Juli 2020

Grünberg K, Markert F (2013) Todesmarsch und Grabeswanderung. Szenisches Erinnern der Shoah. Psyche 76:1071–1099

Hamburger A (2017) Genocidal trauma. In: Laub D, Hamburger A (Hrsg) Psychoanalysis and Holocaust testimony: unwanted memories of social trauma. Routledge, London, S 66–91

Heart MYHB (2003) The historical trauma response among natives and its relationship with substance abuse: a kakota illustration. J Psychoactive Drugs 35(1):7–13

Herzog D (2017) Cold war freud: psychoanalysis in an age of catastrophes. Cambridge University Press, Cambridge

Hoge CW, Castro CA, Messer SC, McGurk D, Cotting DI, Koffman RL (2004) Combat duty in Iraq and Afghanistan, mental health problems, and barriers to care. N Engl J Med 351(1):13–22

Hyland P, Shevlin M, McNally S, Murphy J, Hansen M, Elklit A (2016) Exploring differences between the ICD-11 and DSM-5 models ofPTSD: does it matter which model is used? J Anxiety Disord 37:48–53

Jowett S, Karatzias T, Shevlin M, Albert I (2020) Differentiating symptom profiles of ICD-11 PTSD, complex PTSD, and borderline personality disorder: a latent class analysis in a multiply traumatized sample. Pers Disord Theory Res Treatment 11(1):36–45

Kapfhammer H-P (2018) Trauma und Traumafolgestörungen. https://oegpb.at/2018/05/28/trauma-und-trauma-folgestoerungen. Zugegriffen: 10. Juli 2020

Kattermann V (2012) Vertrauen in die Mitwelt. Trauma, Schuld und Versöhnung am Beispiel der südafrikanischen Warheits-und Versöhnungskommission. In: Karger A (Hrsg) Vergessen, Vergelten, Vergeben, Versöhnen? Weiterleben mit dem Trauma. Psychoanalytische Blätter, vol 30. Vandenhoeck & Ruprecht, Göttingen

Keilson H, Sarphatie HR, Bearne YT, Coleman HT, Winter DT (1992) Sequential traumatization in children: A clinical and statistical follow-up study on the fate of the Jewish war orphans in the Netherlands. Magnes Press, Jerusalem

Kestenberg JS (1989) Neue Gedanken zur Transposition. Klinische, therapeutische und entwicklungsbedingte Betrachtungen. Jb Psychoanal 24:163–189

Keupp H, Straus F, Mosser P, Gmür W, Hackenschmied G (2016) Sexueller Missbrauch und Misshandlungen in der Benediktinerabtei Ettal: ein Beitrag zur wissenschaftlichen Aufarbeitung. Springer, Wiesbaden

Kuch K, Cox BJ (1992) Symptoms of PTSD in 124 survivors of the Holocaust. Am J Psychiatry 149(3):337–340

Kühner, A (2007) Kollektive Traumata. Konzepte, Argumente, Perspektiven. Psychosozial, Gießen

Kühner A (2008) Trauma und kollektives Gedächtnis. Psychosozial, Gießen

LaCapra D (2001) Writing trauma, writing history. Johns Hopkins UP, Baltimore

Langer PC (2013) Wenn's nicht näher als 30 Meter neben mir knallt, dann nehmen wir es nicht mehr persönlich. Freie Assoziation 16(2):69–86

Langer PC (2019) Sozial-als Friedenspsychologie denken. In: Kirchhoff C, Kühn T, Langer PC, Lanwerd S, Schumann F (Hrsg) Psychoanalytisch denken. Psychosozial, Gießen

Langer PC, Ahmad A-N (2019) Psychosocial Needs of Former ISIS Child Soldiers in Northern Iraq. IPU, Berlin. https://www.ipu-berlin.de/fileadmin/downloads/forschung/isis-report.pdf. Zugegriffen: 18. Juli 2020

Langer PC (2020) Keine Zukunft. Nirgends. Zu Erfahrungen ehemaliger Kindersoldaten des „Islamischen Staates" im Nordirak. In: Tolle P (Hrsg) Von vernünftigen und unvernünftigen Zuständen. Psychosozial, Gießen (im Druck)

Langer PC, Brehm A (2020) Social trauma: a social psychological perspective. In: Hamburger A et al (Hrsg) Interdisciplinary handbook of social trauma. Springer, Heidelberg (Druck in Vorbereitung)

Laub D (2005) From speechlessness to narrative: the cases of Holocaust historians and of psychiatrically hospitalized survivors. Lit Med 24(2):253–265

Lehmacher ATK (2013) Trauma-Konzepte im historischen Wandel: Ein Beitrag zur Rezeptionsgeschichte der Posttraumatic-Stress Disorder in Deutschland (1980–1991). Dissertation an der Rheinische Friedrich-Wilhelms-Universität Bonn.

Lohl J (2010) Gefühlserbschaft und Rechtsextremismus, Eine sozialpsychologische Studie zur Generationengeschichte des Nationalsozialismus. Psychosozial, Gießen

Maercker A (2013) Psychologische Modelle. Posttraumatische Belastungsstörung, 4. Aufl. Springer, Berlin, S 35–54

Miller KE, Rasmussen A (2010) War exposure, daily stressors, and mental health in conflict and post-conflict settings: bridging the divide between trauma-focused and psychosocial frameworks. Soc Sci Med 70:7–16

Nguyen L (2011) The ethics of trauma: re-traumatization in society's approach to the traumatized subject. Int J Group Psychother 61(1):26–47

Pole N, Best SR, Metzler T, Marmar CR (2005) Why are Hispanics at greater risk for PTSD? Cultur Divers Ethnic Minority Psychology 11(2):144–161

Regier DA, Narrow WE, Clarke DE, Kraemer HC, Kuramoto SJ, Kuhl EA, Kupfer DJ (2013) DSM-5 field trials in the United States and Canada, Part II: test-retest reliability of selected categorical diagnoses. Am J Psychiatry 170(1):59–70

Repnik F (2018) Gewalt, Trauma und Religion in Kolumbien. Nomos, Baden-Baden

Ronel J (2020) Ein Ort zum Reden, ein Ort zum Schweigen. Das Münchener „Café Zelig" der letzten Überlebenden der Shoah im Kontext der deutschen Mehrheitsgesellschaft. Psychosozial 43(2) (Druck in Vorbereitung)

Roth Tania L (2014) How traumatic experiences leave their signature on the genome: an overview of epigenetic pathways in PTSD. Frontiers in Psychiatry 5:93

Schmiedebach HP (2019) Geschichte der Psychotraumatologie. In: Maercker A (Hrsg) Traumafolgestörungen. Springer, Berlin, S 3–12

Schroer-Hippel M, Cohrs JC, Vollhardt JR (2018) Sozialpsychologische Friedens-und Konfliktforschung. In: Decker O (Hrsg) Sozialpsychologie und Sozialtheorie. Springer, Wiesbaden, S 97–109

Schuy K et al (2019) „Treffer im Kopf "– Stigma psychischer Erkrankungen als Einflussfaktor auf die Inanspruchnahme von Hilfsangeboten durch VeteranInnen der Bundeswehr. Das Gesundheitswesen 81(8–9):e146–e153

Seiffert A, Langer PC, Pietsch C (Hrsg) (2011) Der Einsatz der Bundeswehr in Afghanistan: sozial-und politikwissenschaftliche Perspektiven. Springer, Wiesbaden

Shorter E (1993) From paralysis to fatigue: a history of psychosomatic illness in the modern era. Free Press, New York

Streeck-Fischer A (2019) Borderland and borderline: understanding and treating adolescent migrants in crisis. Adolesc Psychiatry 9(3):185–193

Traicu A, Joober R (2017) The value of a skeptical approach to neurosciences in psychiatric training and practice. J Psychiatry Neurosci 42(6):363

Volkan, VD (1999) Das Versagen der Diplomatie. Zur Psychoanalyse nationaler, ethnischer und religiöser Konflikte. Psychosozial, Gießen

Volkan VD (2001) Transgenerational transmissions and chosen traumas: an aspect of large-group identity. Group Analysis 34(1):79–97

Weltgesundheitsorganisation (WHO) (1994) Internationale statistische Klassifikation der Krankheiten und verwandter Gesundheitsprobleme Störungen: ICD–10, Bd 10. Springer, Berlin

Wittchen HU (2012) Traumatische Ereignisse und posttraumatische Belastungsst.rungen bei im Ausland eingesetzten Soldaten: wie hoch ist die Dunkelziffer? Deutsches Ärzteblatt International 109(35–36):559–568

Yehuda R et al (2015) Holocaust exposure induced intergenerational effects on FKBP5 methylation. Biol Psychiatry 80(5):372–380

Young A (1995) The harmony of illusions: inventing post-traumatic stress disorder. Princeton University Press, Princeton